ヤマケイ文庫

新編 底なし淵

Murata Hisashi
村田 久

Yamakei Library

序文
村田さんの背中

夢枕 獏

村田さんには、毎年、二度ほど東北の渓流を案内していただいている。

一緒に新緑の渓流を歩きながら、のんびりヤマメ、イワナを釣りあがり、時に山菜を採って、昼に、河原で弁当を食べ、コーヒーを飲む。渓流釣りをやっている方なら、すぐにその光景が眼に浮かぶことであろう。そういう、ごく普通の渓流釣りが、この頃は愛しくて愛しくてたまらない。昔は独りでぐいぐいと藪こぎをし、高巻きも怖いもの知らずで、源流へ源流へと入っていったこともあったが、もう、いつの間にかそういう歳ではなくなった。

渓流で、よく転ぶようになった。

独りでゆくよりも、仲間と何人かでゆくことが多くなった。釣りはもちろん楽しいが、宿で温泉に入った後、仲間と一杯やりながら釣り話をするのが、この上なく楽しかったりするのである。

ぼくは、今年（二〇一七年）で六十六歳になった。村田さんは、ぼくより九歳上なので、たぶん、七十五歳になるのではないか。

この四～五年、村田さんと渓流を歩いている時に、よく言うことがある。

それは――

「村田さん、できるだけ長く釣りをやって下さいね」

ぼくらのような歳下の釣り師は、歳上の先輩の釣り師が何歳まで釣り竿を握っていたかというのは、かなり気になることなのである。

「村田さんが、何歳まで渓流に入っていたかが、我々の基準になるわけですから、よろしくお願いします」

後からゆく釣り師は、先行する釣り師の背中を見ながらゆくことになるので、村田さんのいい背中をいつまでも見させてもらいたいのである。

東北の渓流は魅力的だ。

おまけに村田さんは文章の方でも達人であるから、村田さんの描く渓流は理想郷である。

東北の渓流ほど美しいものを、ぼくは他に知らない。けっこう世界中を歩いたり釣ったりして、ヒマラヤの凄い風景だとか、アラスカの原野や川だとか、南の島やジャングルの川、砂漠なども見てきたのだが、何が一番美しいかと問われれば、日本の東北の、新緑の渓流であるというしかない。これは間違いない。

その渓流で、三〇センチのイワナを釣る――人生に至福の時間があるとすれば、まさにこれであろう。

ぼくの渓流釣りの八割は、のべ竿のエサ釣りである。

海釣りに比べたら、あわれなほどに細い〇・三号のハリスに小さな鉤をつけ、それにカワムシを刺して釣る。魚信がある。合わせる。ぎゅうんと目印が水中に引き込まれ、竿がまんまるになり、きゅんきゅんと糸鳴りがする。そして、生きている川の宝石を釣りあげる。

ああ、いいな。

今年もまた、村田さんにお願いして、一緒にどこかの渓流に入ることになると思うのだが、今からそれを楽しみにしているのである。

二〇一七年　初春　――小田原にて

新編　底なし淵　目次

罠

「鉄砲撃ぢとイワナ釣り、どっつが銭っこになったか言えば、俺の場合、やっぱぁイワナ釣りだな」

そろそろ八十歳に手の届く佐藤勘介翁は、一寸自慢げに鼻をうごめかす。

「そんでもよ、どっつも殺生してんだがら、罰当《ばち》たりなごどだげんども、昔はよ、食うためで、すかた（仕方）がながったんだ」

炬燵《こたつ》の上に置いた鍋から、甘い香りが匂ってくる。鍋の中の正体は、裏の雪山で誰かが密かに罠《わな》を仕掛けて捕った野兎《のうさぎ》の肉だという。

「こいづは、もらってきたもんだ。黙ってろよ」

鍋を顎で指《さ》しながら、じいさんは悪戯っぽく笑う。とうに猟師をやめたはずなのに、狩猟や動物の話になると、つい血が騒ぐようだ。酒をチビリチビリやりながら、じいさんは思いつくまま昔語りをする。

ぼくといえば、それに耳を傾けるよりも、目の前の鍋に顔を突きだし、香ばしい兎肉に舌鼓を打つほうが先決だった。外では今までちらついていた粉雪が吹雪となり、ときおりゴォーと唸って窓ガラスを叩く。

一関《いちのせき》の市街地から車で小一時間も走ると、たたずまいは一変して、人影まれな奥羽山地の深い山あいとなる。佐藤勘介さんの平屋の自宅は、その静かな山あいにある「まつるべ」の開拓集落と市野々原集落の中間の、小高い台地の山際に立っている。背後には須川《すかわ》の山々が連なり、前方には道ひとつ隔てて、深く切れ込んだ磐井川《いわいがわ》が流れている。

同じ磐井川沿いの瑞山《みずやま》集落や、市野々原、まつるべの住民は、かつては山仕事を主たる生業《なりわい》とし、炭焼きや森林の伐採、下刈り、そして木材の運搬から日雇い人夫の仕事にまで従事してきた。とりわけ炭焼きは家計を支える柱で、どの家も山に炭窯を構え、年中、煙を絶やすことはなかった。

くわえて、山野に自生する山菜やキノコ類は、彼らの大切な食糧であるばかりでなく、町へ売りに出ればなにがしかの小遣い銭ともなった。また、一攫千金とまではいかなくとも思わぬ余禄にあずかったのは、兎・狐・狸・鼬《いたち》、バンドリ、熊などの狩猟であった。これらの肉は冬場の貴重な食べ物となり、鞣《なめ》した毛皮は町方の商人が買い付けにきた。とくにバンドリは高い値がつくので、村人たちは競うように森へ分け入ったという。

「バンドリはな、月明りがねぇと撃てねぇもんだ。しっぽ背負って、ダンゴみてぇに丸くなって、枝の裏っこにな、くっついでる」

バンドリとは晩の鳥を意味する、ムササビやモモンガの俗称。鳥類ではなく、リス科の哺乳類である。夜行性で、前足と後足の間の膜を広げて枝から枝へと飛ぶので、晩鳥と呼ばれたらしい。

カンカンと凍《い》てつく森の中で月明りを頼りにバンドリを見つけるのは、たやすいことではない。しかも猟果は鉄砲の腕次第。夜空高くひとつの黒い点としか見えないバンドリを確実に撃ち落とす佐藤勘介さんは、猟師仲間にあって抜きんでた射撃の名手であった。

もっとも、勘介さんの腕前を実際に見たことがある仲間は、そう多くはない。なぜなら、彼は〝一匹狼〟のような存在であった。整然とした組織的行動をとる秋田マタギとは違って、単独で猟に出ることが多かった。

たとえば、毛皮が高く売れる貂《てん》を捕るために、独自に工夫した罠を、誰にも知られていない獣道に仕掛けたりする。春先には、タカド（木の洞）や岩穴に眠る熊をたった一人で仕留め、解体作業も一人でこなした。

「仲間が増えれば、それだけ分け前が減る。銭にならねぇ」

と彼は口癖のように言うが、それだけが一匹狼であり続けた理由ではないだろう。本音はおそらく、せっかく築いた自分の猟場を他人に知られたくない、他人に知られて荒らされるのは我慢がならない、ということだ。

そんな勘介さんのもう一つの特技はイワナ釣りで、これまた一家を養うための金づるになった。釣りには獣を追うときの緊張はなく、渓《たに》を歩くだけで心のびやかになる。その解放感がよけいに、勘介さんをイワナ釣りに駆り立てたようだ。

北隣りの胆沢《いさわ》の山中に築いた炭焼き小屋を拠点に、胆沢川水系や磐井川水系のみならず、ときには山越えで秋田の川にまで入りこみ、釣りまくった。

「三貫目（約十一kg）も釣っと、がさ（嵩）になるし、重でくて、どぬもなんねぇ。そしたら小屋さ運んで、まだ釣りさ戻ったもんだ」

三貫目で、五十尾から六十尾はあったという。八寸、九寸はざらで、尺物はきまって十数本、交じっていた。それを南京袋に詰め、肩に担いで小屋に運ぶのだが、山の斜面を上り下りするときは相当こたえた、と勘介さんは苦笑いする。

「そんでもよ、欲だがらな、山のなが這って帰《き》ゃってきたもんだ。一尾なんぼという銭っこだがら、もってえねぇもんな」

担ぎ上げたイワナは、腹を抜いてから、数軒の湯治場の宿に届けたり町場の居酒屋に売ったりした。それでも捌《さば》き切れないイワナは、一斗樽に山椒の葉、塩、米飯を混ぜて塩漬けにし、保存した。冬場の魚の捕れない時季、それがけっこうな値段で取り引きされた。この地域が商品経済に呑みこまれる以前、イワナは住民の貴重なタンパク源であった。

勘介さんがイワナ釣りに精をだした昭和三十年代、土方の日当がおよそ三百円であるのに対し、湯治場で売るイワナの相場は、一kgで三十円前後であった。つまりイワナを五十尾も釣ると土方の日当を越す金が稼げた。

そんな旨い儲け口を見逃す手はないと、村人の何人かはイワナを釣り始めたが、勘介さんにはとても太刀打ちできなかった。というのも彼は、エサとして年中ミミズしか使わない村人たちと違って、主に川虫を用いていた。イワナを釣るのに石をはがして川虫を捕るような人は、当時はほとんどいなかった。

彼はまた、イワナの食いが悪くなる夏場には毛バリを振った。釣り糸は馬の尻尾を撚《よ》った「馬素《ばす》」、毛バリはヤマドリやキジの首回りの羽毛を数本ハリに巻きつけてハリスで留めただけの、いたって大雑把なものだが、それでもイワナはどんどん飛びついてきた。

勘介さんの釣りの腕には村人の皆が敬服していたが、なかには妬みの目を向ける者や、「釣りの極意を教えてくれ」と押しかけてくる者もいた。彼はその申し出を頑として拒絶した。それならと、こっそり後からついてきて技を盗もうとした者もいたが、神出鬼没の彼にはまるで歯が立たなかった。

彼は、山椒《さんしょう》の木の皮を揉《も》んで密漁をする村の者に腹を立てていた。毒流しで魚が絶えた沢は一本や二本ではなかった。そんな沢には、他の場所で釣ったイワナを竹筒に生かして運び入れ、一尾、次は二尾と放流を繰り返した。誰のためでもない、自分のためだ。イワナを釣ることで食わしてもらっている以上、種を根絶やしにするわけにはいかない。移植放流で甦った沢は、むろん彼の新たな漁場となった。

こうして佐藤勘介さんは、近隣に並ぶもののない「釣り名人」とほめたたえられたのだが、あるときふっつりと、イワナ釣りをやめてしまった。釣りから足を洗ったばかりではない、鉄砲を処分して猟師もやめてしまった。それは今から二十年前、六十歳にまだ少し間がある年のことである。

この唐突な覚悟には、勘介さんを知る誰もが首を傾げ、あれこれと噂話が流れたようだ。しかし彼は、その理由《わけ》については誰にも語ろうとせず、一方、噂のほうもいつの間にか立消えとなった。

野兎の鍋をつつきながら、ぼくは今日こそその理由を聞きだそうと決心をしていた。どんないきさつで釣りをやめてしまったのかと、これまでにも何度か、じいさんに尋ねてみたのだが、いつも笑いに紛れてはぐらかされた。

「足腰がよ、なまってすまって、川も山も歩ぐのがやんだぐ（嫌に）なってしまったんだな、あんどきは、ハ、ハ、ハ」

と同じ言い種を繰り返すのだ。八十歳になんなんとする今も、炭窯で若い者にひけをとらず立ち働くじいさんを見ていると、「足腰が」というセリフはまったく合点がいかなかった。

それとは別に何か思うところがあったのではないかと、ぼくは切りこんだ。じいさんはやや顔をしかめて、

「なにもねぇ、なにもねぇ」

と手を横に振る。それでも、よほどの理由がなければ釣りはやめられないものだと、ぼくが食い下がると、

「……なにもかもやんだぐなるこどは、生きでるうちにゃ、何度かあるもんだ」

そう応えて、なぜか遠くを見る眼差しになり、二度、三度、目をしばたいた。ぼくは、「なにもかも、やんだぐなるか……」と呟いたきり、口を噤《つぐ》んだ。沈黙の時が流

れ、それに耐えかねたように、じいさんが口を開いた。

「こんなごとがあった」


――その年は、春になっても寒い日が続き、夏でも薪ストーブの火が消せなかった。冷害に苦しむ年は、いつもこうだ。山の田んぼでは米の収穫が見込めないと確信した勘介さんは、銭を稼ぐため、しゃにむに駆けずり回った。炭焼きをするかたわら、夕方遅くまでイワナ釣りに励み、町場で土方の仕事があると聞けば、すぐに足を運んだ。しかし、頼りにしていたイワナ釣りは、水温が低いせいか芳しくなく、日によっては、ふごの中の十尾にもならない貧果を見て、思わず溜め息を洩らすこともあった。

勘介さんには、こんな年のための、取っておきの沢があった。誰にも覚《さと》られないようにイワナを放しておき、普段は手を付けない隠し沢である。

鳴沢の奥、二ツ森の東斜面に、その小さな沢がある。入り口はヤブに覆われていて、容易には見つからない。しかも、増水のときを除いて水脈は地下に潜っており、ヤブを掻き分けて奥まで入らないと、沢の流れには出合えない。辺り一帯は熊の棲み処として知られている。それで、その沢は通称、熊沢と呼ばれていた。

七月末のある日、勘介さんは村の連中に見つからないよう、こっそりと熊沢に潜りこんだ。ヤブを掻いくぐってしばらく行くと、地表からサラサラとした流れがあらわれた。細い流れだが、岩場や落ち込みもあって、ところどころに小さな淵や溜まりができている。そんな深みめがけて毛バリを振りこんでゆくと、イワナたちは次々とそれに飛びつき、手元に躍りこんできた。腰のふごには、どうにか二十数尾のイワナが収まった。

沢の流れはいったん地中に消え、ちょっと上の岩場でまた姿を見せる。岩場を過ぎて間もなく、前方に畳五、六枚ほどの広さの淵があらわれた。淵には滝の白い流れが落ちており、その下は深い滝壺になっている。いかにもイワナが棲みつきそうなところだが、両岸から樹木が覆いかぶさるように伸びているので、竿を振るには厄介な場所だ。滝の上流は灌木や蔓のはびこる狭い沢で、竿を出すことも歩くこともままならない。イワナが冬ごもりをする休み場にもなっていた。だから勘介さんは、熊沢に入るときは決まってこの淵の手前で釣るのをやめ、引き返していた。

ところがその日は、一尾でも多く欲しいという思いがむらむらと湧いた。そして枝葉と淵のわずかな隙間へ横ざまに竿を振り、毛バリを放りこんだ。一瞬後、暗い水面が盛り上がり、思わず撥ね上げた腕にドシッと衝撃がきた。

グイグイと持っていかれそうになって勘介さんは素早く竿をため、腕を落として大きくたわんだ竿を水面すれすれまで下げた。枝に糸が絡まれば一巻の終わりだ。そうやって懸命にこらえていると、イワナは淵の底へ行こうとしてぐるぐると回りだした。これまで感じたことのない強烈な引きだ。

木洩《こも》れ日がまだらに映る水面を、どのくらい見詰めていたことだろう。やがて、水中に青白い輝きがほのかに見えたかと思うと、それがみるみるうちに浮き上がってきた。足元に寄せると、イワナは身を横に倒して口を微かに震わせた。一尺五寸は優にある大イワナだ。

その大イワナを両手で抱え上げたとき、勘介さんは「うっ……」と声を漏らした。向かって右側の頭頂部から顎にかけて一直線に創《きず》が走り、つぶれた片目が白く濁って鈍い光を放っている。なんという凄まじい貌《かお》だ。

どうしたものかと思案した。これは、この淵の、いや熊沢の主だ。持ち帰るか、それとも……。長らく殺生をしてきて、いまさら祟《たた》りを恐れるわけではないが、どうも持ち帰るのは気が進まない。けっきょく、元の淵にそうっと戻してやった。

夏らしい夏がこないまま、山あいにはもう秋が訪れていた。田圃の稲は青立ちのままで一粒の米も実らず、飢えへの不安が村人の間にじわりと広がっていった。厳しい冬がくる前に少しでも現金を稼いでおこうと焦った勘介さんは、狩猟違反を承知で、熊沢の右岸の熊の通り道に罠を仕掛けることにした。

　この熊の罠は、底を切り取った二つのドラム缶を繋ぎ合わせたもので、中に据え付けた木の台に、熊の大好物である蜂蜜が置いてある。蜂蜜にひかれてドラム缶に入りこんだ熊が蜂蜜に触れると、たちまち入り口に吊るした鉄格子の蓋が落ち、熊を閉じこめてしまうという仕掛けである。

　罠を置いて半月も経った頃、村人の一人が勘介さんに妙な話を持ちこんできた。熊沢の上空にカラスが群がって騒いでいるが、いったいどうしたことだろう、というのである。むろん思い当たる節はあったが、熊の罠を仕掛けたとは言えない。首をひねって、知らぬふりを装った。町場での日雇い人夫の仕事に追われて、罠の点検がつい延び延びになっていたのであった。

　行かなければと思ったその日の午後から、雨が降りだした。雨脚は夕暮れが近づくにつれて激しさを増し、翌日早朝、勘介さんが外に出てみると、家の前の磐井川はものすごい濁流となって脹れ上がり、ドーッドーッと激しい水音を立てて荒れ狂っていた。

　さしもの豪雨も二日目になって終息に向かい、昼過ぎには西の空にうっすらと青味がさしてきた。この時を待ち兼ねていた勘介さんは、鉄砲を担いで急いで熊沢に向かった。

大雨による水流で、杣道には至るところに亀裂が入っている。そこに嵌《は》まらぬよう気をつけて先を急ぎ、熊沢の入り口へ至る道と別れて右岸の緩斜面を下ってゆくと、沢底から一段高くなった平地に、めざすドラム缶が見えてきた。

この平地には滅多に水が乗ることはないのだが、昨日はよほどの出水があったとみえて、草という草のすべてが下流方向に薙ぎ倒され、ところどころに水溜まりができている。横倒しになった草を踏みしめ、足音を殺して、勘介さんは一歩、一歩、近づいていった。横に寝かせたドラム缶が間近になってから、少し迂回して入り口を覗くと、鉄格子の蓋が落ちている。やはり……。

鉄砲を構えて、さらに近づいた。だが、なにひとつ物音はしない。ドラム缶の中で熊がうごめく気配はない。缶を足で蹴っても、銃身で叩いてみても、まったく反応がない。鉄格子に銃口を差しこみ、腰を屈めて缶の中を覗きこんだ。一瞬、すえた臭いが鼻をついた。

鉄格子を上げて、缶の奥に目を凝らすと、黒い塊が半ば土砂に埋もれて横たわっている。肉をほとんど削《そ》がれて骨と皮だけになった、ぼろ布のような熊の死骸だ。わずかに歯を剝き出した若い熊の顔が、薄暗い缶の中にぼうっと浮かび上がった。

缶の内側には、熊が爪で引っ掻いた痕《あと》が無数についていた。罠に掛かってからは何も口にするものはなく、缶の中でもがき苦しんだあげく餓死したのだ。惨《むご》いことをしたものだ。せめて生きているうちに引導を渡してやるのが、猟師の情けではないか。それを怠った自分に腹を立てながら、勘介さんはドラム缶を起こして熊の死骸を引きずりだした。——と、泥水と一緒にゴロッと長いものが転がった。

それは一尺四、五寸はある、泥まみれの魚だ。もしや、と胸騒ぎを覚えつつ、腰をかがめて頭の泥を拭ってみた。「あっ」と声が出た。右の目玉を貫いて顎まで走る鋭い創が、くっきりとあらわれた。熊沢の主だ。

指先で側線のあたりに触ってみると、しなやかで張りがある。氷の中でも生きているイワナは強靭でしたたかだ、まだ息があるかもしれない。

それにしても、どうしてだ？　どうして、この熊の罠に、あの大イワナが……。勘介さんは狐に誑《たぶら》かされたような気分に陥って、一寸その場にうずくまっていたが、弾かれたように、イワナを両手で抱きかかえて、つと立ち上がり、上流に向かって走りだした。

流れを蹴散らし、ヤブを掻いくぐり、岩場を越えて走ってゆく。ぬかるみに足をとられてよろけても、小枝に顔を打ちつけても、胸に両手を押し当てて駆け続けた。やがて枝葉の覆いかぶさる滝下の淵にたどり着き、肩で大きく息をつくと、岸よりの浅場にしゃがみこんだ。

体表の泥を洗い流して水の中に横たえてやると、イワナは青白い輝きを取りもどし、今にも身をくねらして泳ぎだしそうに見えた。勘介さんはイワナが倒れないよう、左手を顎に添え、右の掌を腹の下に置いて支えてやった。そうしてしばらく見守っていたが、なにも起こらず、ええい、ままよとばかりに右手を這わせて尾鰭の付け根を握ると、頭を滝の落ち口に向けて、いきおいよく押し出した。水中を滑りだしたイワナはたちまち横倒しになり、滝の流れに打たれてグラリと回転するや、あっというまに底へ引きこまれて見えなくなった。

「生ぎろ！　生ぎでけろ！　たのむ……だめだぁ……」

気が触れたように口走って、勘介さんは茫然とその場に立ちつくした。

それからどうやって家に帰ったのか、勘介さんはよくは覚えていない。ただ、ドーッという滝の音が轟いて、がたがたと体が震えだしたこと、どこかでしゃにむに崖を這い登ったこと、そして鉄砲を取りに杣道を引き返したことだけは覚えている。

ようやく家にたどり着いた勘介さんの泥まみれの姿を見て、家人は「なんじょしたんだ」と、びっくりして尋ねた。だが、勘介さんはそれには答えず、青ざめた顔をしたままドブロクをあおり、寝てしまった。そしてそれから数日間、なにやらブツブツつぶやいたり、宙を睨んでは溜め息を漏らしたりする勘介さんに、家人はまるで取りつく島もなかったという。

「あんどきはよ、ちょっとばかし、あのイワナっこと熊っこに、俺の魂よ、抜がれだ気がしたたな。なんじょしてあのイワナ、熊の罠さ入っていだが、いまだに分がんねぇげんども、あんどきは気狂《きずげ》えみてぇになった。熊沢の主《ぬす》を、俺が殺すたもんだがらな。それがらだ、銭っこのためでも、いづまでもこんなごとしてると罰当たると思ってよ……」

信じられないものを見てしまったという心の揺れが、やがて殺生への底知れぬ畏《おそ》れに変わり、勘介さんはついにイワナ釣りをやめると神仏に誓ったのだという。

「……やめだら、罰当たんねぇが？」

話の思わぬ展開におどろいたぼくは、つい口を滑らせた。

「ん？　イワナ釣りは、よっぽどの理由《わげ》がねぇど、やめられねぇもんだげんども、早ぐやめねぇど、いづかは罰当たるぞ」

そう言ってじいさんは酒をゴクリと飲み干し、ぼくの方を見て目尻を下げた。

雨っこの渓

釣り仲間の山ちゃんから、胆沢《いさわ》川支流小出《おいで》川で秋田の釣り人が岩壁から滑落して亡くなったという話が飛びこんできたのは、梅雨も終わろうという七月下旬であった。又聞きだから詳細のほどは分からないとしながらも、山ちゃんは幾分沈んだ声で事故のあらましを伝えてくれた。

秋田からやってきた二人の釣り人が小出川に入り、源流域でのビバークを目的として遡行していたが、前日の雨で水嵩が増したため岩壁のへずりを避け、高巻いていたところ、そのうちの一人が足を滑らして転落したのだという。

かねてから「いつかは……」と予測していたことが、とうとう現実に起きてしまったのである。ぼくが知っているだけでも、小出川流域ではこれまで枚挙にいとまがないほど様々なアクシデントが起きている。岩場からずり落ち、顔面血だらけにして逃げ帰った釣り人。へずりの途中、足を踏みはずして淵にはまったり、突然の増水で立ち往生したあげく、死に物狂いで反対側の山を越えて難を逃がれたパーティー。小沢から渓《たに》に迷いこみ、さまよっているうちに動けなくなった人が運よく警察のヘリコプターで救助されるという一幕もあった。

この死亡事故から四日後に、ぼくは山ちゃんら仲間三人と同じ小出川へビバーク釣行の予定であった。事故から間もないことでもあり、二の足を踏む思いがないでもなかったが、かねてよりの計画、しかも毎年恒例の行事を取り止めにするのは癪だし、それに滑落したという場所はほぼ見当がついていた。それを確認するのも一つの目的だと打ってつけの理由もでき、結局、予定どおりに決行することになったのである。

むろん、家族から要らぬ詮索をされぬよう、秋田の釣り人の事故については、仲間どうし口裏を合わせ、家人にはいっさい伏せておいた。

岩手県の南の端っこ、一関から西へおよそ一時間余り車で走ると、奥羽山脈中の栗《くり》駒《こま》岳（岩手県側では須川《すかわ》岳と称す）の山懐に入りこむ。その山裾に広がる山谷・瑞山《みずやま》・市野々原の村落は、冬場、須川おろしの吹きすさぶ豪雪地帯である。

まだ須川温泉へ通じる現在の国道がなく、山越えの急登の杣道を瑞山の強力《ごうりき》が病人や老人を背負って湯治場へ運んでいた頃、この地域に、兎、バンドリ（ムササビ）・雉《きじ》・山鳥・鼬《いたち》・熊などを撃つ須川マタギと呼ぶ小集団があり、彼らは主に焼石・須川山系を根城にしていた。

当時は鳥や獣を引き取る仲買人がいて、結構いい銭になったというが、今は須川マタギの存在を知る人は少なく、熊撃ちの仲間もほとんど亡くなった。瑞山に住まいする佐藤老人は、当時奥羽の須川山中を駆け巡ったマタギの一人で、ぼくは何度かこの人に小出川流域にまつわる話を聞くことができた。

――初夏といっても、まだ山陰《やまかげ》に雪の残るある日、佐藤さんはマタギ仲間二人とともに胆沢川支流・前川の細沢から、熊の足跡をたどって二つばかり山を越えた。だが、熊笹のヤブに阻まれて足跡を見失ったばかりか、いつしか山中深く入りこんでしまい、三人は今さらながら熊を深追いしすぎたことを少し悔み始めていた。

そこは、大胡桃《くるみ》山の北斜面から下った小出川右岸のブナの原生林の真っ只中で、三人は初めて自分たちの居場所を知って困惑したのだが、そうこうするうち薄い乳白色の霧が下の方から湧き上がってきて、たちまち四方の視界がぼやけてしまった。三日はとうに暮れかかっていて引き返す余裕はなく、へたに動けば命取りになる。三人はここで野宿することに腹を決め、今にも降り出しそうな空模様を気にしながら、ヤブを切りひらいて窪地に熊笹の屋根を掛け、急ごしらえの笹小屋を作った。

心配していた雨が夜半からポツポツ落ちてきて間もなく、ぶちまけるような豪雨となった。容赦なく吹きこんでくる雨に叩かれて、三人は震える身体を寄せ合い、焼酎を廻し飲みしながら、ただひたすら雨が去るのを祈るほかなかった。

森や山が雨に溶けてしまうのではないか、と思えるほどの凄まじい雨脚――。そのうち、ゴゴン、ゴゴンと地鳴りのような音が闇の底から響いてきた。

天地が裂けんばかりに、山が呻き、渓が唸りを上げている。生きた心地がしない三人は、いつのまにか掌を合わせて念仏を唱えていたという。

地鳴りの正体は、小出川の奔流とともに岩壁にぶつかりながら転がる大岩の音であった。

「あそごは、おっかねぇ雨っこの渓だ。へたに入《へえ》りこむど、罰《ばち》が当たるぞ」

小出川の話をするとき、佐藤老人はいつもそう言って話を締めくくるのであった。

確かに、小出川流域は一年を通してよく雨が降る。そして、いったん降り出すと手のつけられない暴れ川となる。くわえて、鋭く切れこんだV字の峡谷は、マタギですら入りこんだら這い上がるのは難しい、と言われてきた。だから、胆沢・須川辺の山菜採りのプロも、一帯のけもの道まで知りつくしているにもかかわらず「ここだけは……」と、なるべく立ち入らないようにしている。

これまで、小出川の深く険しい谷間にさ迷いこんで遭難した人は、秋田の釣り人の

みならず幾人もいる。そんな騒ぎが起きるたびに、地元の村人は、
「あそごは、昔がら、行ってはなんねぇどごだ」
と言っては余所《よそ》の人たちをたしなめてきた。その口調には、小出川流域はみだりに侵してはならない〝聖域〟なのだ、というニュアンスが多分に含まれていたように思う。

東北地方にようやく梅雨明け宣言が出された八月初めのある日、一関を発った一行四人は、白々と夜が明ける頃、胆沢川本流への降り口がある崖上の道路端に到着した。かつて胆沢川本流で堰堤工事が行われた際、山ぎわから川岸まで開かれた道が今もあって、それをたどっていけば、支流である小出川の入渓点に達するのである。

ここ数年、小出川への釣り人の往来はひんぱんで、この道路端には平日でもきまって四、五台は車が止まっているのだが、今日は土曜日にもかかわらず一台もない。やはり、あんな事故が起きたために、釣り人はみな気味悪がって小出川を避けたのだろうか。

ぼくらは、先行者がいないのを素直には喜べない複雑な気持ちで足ごしらえをし、ザックを背負った。

路肩があちこちで崩れ、もうだいぶ草で覆われた曲がりくねった道を降りてゆく。一汗かくほどの距離をゆくと、開けた草原に出る。その小灌木の茂る踏み分け道をくぐり抜けたとき、軽やかな瀬音が耳を打ち、ガラスのように透明な流れが目に飛びこんできた。胆沢川の本流だ。

水位はほぼ本来の姿に戻っていたが、長雨による増水のせいで、川原には沢山の流木が横たわり、岸辺の草むらはなぎ倒されたままになっている。

切れこんだ山あいに、ゆっくりと朝の光が差してきた。川面に薄くたなびいていた霧も、溶けるように消えてゆき、徐々に渓は明るさを増してきた。今日は雨の心配のない、快晴になりそうだ。本流がこの程度の水位なら、小出川の遡行も、さほど骨が折れることはないだろう。

そう思いなして本流の流れに足を踏み入れたら、意外に水勢がある。浅瀬だろうと読んで入りこむと腰きりの深さだったりして、びしょ濡れになった。仲間はみな、渡りきると一様にヒャーと声を上げた。夏とはいえ、深山の冷気を呑んだ渓の水は、さすがにヒヤリとして身に染みる。

そこで一息つくことなく、一行は山の斜面に取りつき、山菜採りが利用する踏み分け道に潜りこんだ。今ではすっかり釣り人の専用道になった観もあるが、この道はやっと一人だけ通れる狭さながら、しっかりと渓を巻きながらついている。

ブナとミズナラの明るい森の斜面を進むと、まもなく、ガレ場の真下に小出川の滝口から落下する白い飛沫が見えた。二十分も歩いただろうか、滑りやすい急勾配を下ると、大岩の横たわる小出川の渓谷が眼前にあらわれた。

渓に降り立った瞬間、青々とした爽やかな気体を吹きつけられたかのように、汗ばんだ身体が清涼感に包まれた。「あっ、ブナが匂ってるな」と、つい鼻をヒクヒクさせてしまう。皆、思い思いにザックを降ろし、岩場で小休止――。

小出川の水位は夏の渇水期より幾分高い程度で、これなら無理な高巻きを強いられずに遡行できそうだ。そのことだけで、誰の顔にも安堵の色が浮かんでいる。

気の早い鎌ちゃんは、イワナの出そうな瀬を指差して、しきりに「いるね、いるね」を連発しては一人悦に入っている。ビバーク地点まで〝ガマン〟することになっているので、鎌ちゃんはおどけてみせたのだろう。

夜は明けたものの、緑の輝きを点《とも》しているのは山の頂きの方だけで、まだ日の差さない谷底は薄明かりの中。谷がそれほどに深いのである。

足ごしらえを確かめた上で、山ちゃんを先頭にふたたび歩き始めた。一列縦隊、しんがりは、ぼくだ。

淵を抱えた平瀬を過ぎると、しだいに巨岩の連なる険しい渓相に変わり、渡渉や岩越えが頻繁になる。壮大なスノーブリッジが例年五月いっぱいは残っているV字峡にさしかかる頃には、身体の筋肉が適当にほぐれてきて、しっくりと渓に溶けこんでゆくような心地がする。

緑の水をたたえた大淵を巻いて岩壁をへずり、るいるいたる岩場を何か所か越えたとき、前をゆく山ちゃんの足がふいに止まった。どの顔にも緊張が走った。

前方左岸の垂直の岩壁からザイル一本が、垂れ下がっているのが見えた。やはり、秋田の釣り人の滑落地点は、われわれが予想した通りの場所であった。

そこは、左岸のみならず右岸も、屹立した岩肌が前方へ緩くカーブを画きながら連なっており、谷底には川床まで見通せる澄明な深淵が横たわっていて、釣り人通らずの難所をなしている。その左岸の岩壁の、高さ十五、六メートルの一角にザイルが固定してあるのだった。

垂直の岩壁の上は傾斜した滑岩で、草付きのヤブはまばらにあるものの身体を支えられるような手掛かりはない。ここを登って越えるのは仲間内ではタブーとなっており、たとえ増水しても、淵の岩場にすがりつき、胸まで水に浸かってへずるのが安全なルートなのである。あれは恐らく、水面下にある岩場の足掛かりを知らなかったために起きた転落事故であったのだろう。

ザイルが垂れ下がっている辺りの岩壁は、小灌木や草ヤブがきれいに刈り払われていて、救助作業の跡が生々しく剝き出しになっている。

ザイルは救助に当たった人たちが使用したもののようだが、それを片付けなかったのは、後々の釣り人のために残しておこうと配慮したからであろうか。

山ちゃんが岩陰から一つかみのダイモンジソウを摘んできて岩棚に供えた。それからめいめいが、そこで合掌した。

岩場を越えてしゃにむに渓を上っていくうち、やっと谷あいから日が差してきて、緑陰を落とす川面にガラスの粉が撒きちらされた。

風はない。見上げた狭い空には、濃い青空が貼りついている。ようやく巡ってきた季節が、いたるところで煌《きら》めきだした。

これなら雨はないだろう。ぼくは内心ホッとしていた。小出川へのビバーク釣行はこれまで、雨にたたられることが多く、ぼくは仲間から〝雨男〟なる有難くない称号を賜っていた。そのうえ、今回の死亡事故で出端を折られたようになり、先行きに一抹の不安を抱いていたのであった。

したたる汗を拭いつつ歩き続け、そろそろ休憩タイムが欲しいと思いだした矢先、「めしにするぞー」という山ちゃんの声が降ってきた。

岩場の切れた平坦な川原に荷物を下ろすと、肩に食いこむようなザックの重みから解放されて、身体がとたんに軽くなり清々する。ここまで一時間半ほど歩いたことになる。ビバークを予定している小出川と栃川の合流点まで、あと一息だ。

この辺りの渓相は穏やかで、平瀬の広がる明るい川原から、周囲の山並みが遠くに見える。そんな眺望を目にしながら握り飯をほおばり、冷えた麦茶を喉に流しこんでいると、いつともなく人心地がついて、このまま一眠りしたくなった。

そのとき木立を掻き分けて、どこかに行っていた佐々木さんと山ちゃんが戻ってきた。手にビニール袋を下げている。晩のみそ汁の具に、手っとり早くミズとワケェ(ヒラタケ)を採ってきたのだ。山に入ると、いつも抜け目なく何かをあさってくるこの二人は、まったく貴重な存在である。

腰を落ち着けすぎると動くのがひどく嫌になる。われわれは、ここを早々に出立することにした。

落差のある岩場を二つばかり越えると、ブナとミズナラの林が川岸まで迫り出している平場に抜け出る。ここからの遡行は比較的快適だが、気になるのは、瀬を渡ったりトロ場の岩を伝ったりしながら川を覗きこんでみても、ほとんどイワナの魚影を見かけないことだった。普通なら、足元から何匹かのイワナが飛び出し、流れを走るものだが、そんな気配はまるでない。ぼくだけでなく誰もが首をかしげ、浮かぬ顔をしている。やはり小出川のイワナも忌中なのだ――そんな冗談の一つも言いたくなる。

やがて、左岸に大高鼻沢の細い流れがあらわれ、平瀬と岩場を交互に遡ってゆくと、ついに栃川の流出口にたどり着いた。

ここの台地は、このところテント場としてよくよく利用されているらしく、草一本生えていない剝き出しの平地に様変りしてしまった。今日はしかし、先客はなく〝空室〟の状態だ。

日暮れまで竿を振るのを唯一の楽しみにしていた連中は、台地に素早くテントを張り終えるや、昼食もそこそこに小出川本流や上流域の柏沢方面へと散っていった。

ぼくはコーヒーをコンロで沸かしながら、しばらく周囲の森や渓の流れをぼんやりと眺めていた。太陽が中天に上って日差しは強いはずだが、このテント場にいると、暑さよりむしろ涼しさを感じてしまう。森の枝葉が直射光を遮っているのである。

たっぷりと時間をとってコーヒーの香りと味を楽しんでから、毛バリ竿を片手に栃川へ足を向けた。

栃川はブナの巨木の林の中を〝もぐるように〟流れる、ひっそりとした渓だ。木洩れ日が光の雫となって降り注ぐのみで、谷筋は昼なお薄暗く、サラサラと流れる水の音が静けさをいや増している。

この栃川のブナ原生林を中心に小出川流域のブナを伐採しようとする動きがあり、数年前から問題が表面化している。この太古から続く豊かな森を、そして胆沢町民に清らかな水を供給している小出川源流域を、なぜ破壊しなくてはならないのか、ぼくには何としても理解ができない。

緑味を帯びた清冽な流れに、一歩一歩、足を踏み出して、ゆっくりと釣り上っていった。ときおり、地の底から湧き出るような声が耳に留まった。アカエゾゼミの鳴き声だ。いつもは雨降りのように賑わしく鳴くのだが、今年のアカエゾゼミは数が少ないのだろうか。

しばらく毛バリを振ってみたけれど、イワナはまったく姿を見せなかった。深追いすると帰りが辛くなる。上流は明日にとっておくことにして、早めに切り上げた。テント場に帰ってみると、三人はすでに戻ってきていて、焚火の準備に取り掛かっているところであった。釣果を尋ねると、誰もが、小型が二、三匹出ただけで、これといった良型は釣れなかったし見てもいないと答える。夏の小出川は、意に反してあまり釣れないものだが、淵にイワナの影が見当たらないというのは妙なことだった。

深山の渓は、みるまに暮れてゆく。小さな焚火を囲んで酒を飲み、言葉を交わし、コーヒーをすすり、キノコ汁を味わっているうち、周囲の森はすっかり闇に塗りこめられていた。


テントに潜りこんでから、ぼくはわけなく寝入ったらしい。そうして何時間かぐっすりと眠っていたとき突然、顔に懐中電灯の光を当てられて跳ね起きた。

「雨だ！」

テントの入り口を割って山ちゃんが叫んだ。

外に飛び出すと、冷たい雨粒がポツポツ顔に当たる。遠くの夜空に懐中電灯の光を投げたら、横なぐりに降る幾筋もの雨脚が闇に浮かび上がった。

ブナの林の中にあるこのテント場では、雨滴が枝葉に遮られるので、雨の音はまったく聞こえない。山ちゃんは、夜中に喉がかわいたので川岸まで水を飲みにゆき、そこで初めて雨が降っているのに気付いたという。

何ということだ。なぜ、あんなに上天気だったのに雨が……。仲間が即座に荷物をまとめにかかっている傍らで、ぼくは苛立ちと畏れの入り混じったような心地でしばらく渓の奥をにらんでいた。

仲間はみな、何度も雨に叩かれた経験をもつ連中だ。こんなときの対応は実に素早く、十分もかからぬうちに何時でも脱出できる態勢が取れる。

腕時計を見ると、午前二時をちょっと廻ったばかり。暗闇ではにっちもさっちもゆかないので、夜明けまで待つより仕方がない。

四人は万が一の事態に備えて脱出のルートを話し合った。

――もし、栃川の水が溢れ出して、この高台のテント場をも洗うようになったら、まず栃川沿いの森に逃げこむ。そこから急勾配の熊笹のヤブを這い上り、大胡桃山の稜線を縦走して前川の支流・大寒沢の林道に降下する。テントはかさばって持ち運びの邪魔になるから、山越えの場合は、ここに放棄する――。

ときおり、ブナの枝葉にたまった雨水がテントに降ってきて、バシャッと音をたてる。そのたびに肝を潰されて、さすがの渓流釣りの猛者たちも顔色がない。交替で川の水位を見張りに行く以外は、誰もがランタンの灯の下でじっと踞《うずく》まり、それぞれに想いを巡らしている。通り雨であってほしい、とぼくは心の中でひたすら念じていた。

雨は一向に止む気配をみせず、川の水位は刻一刻と増えていった。ただ、濁りがほとんど入ってこないのが唯一の救いだった。奥地の方はそれほどひどくは降っていないらしい。

外に出ていった山ちゃんが、水位は二十数センチぐらい上がったが風は止んだ、と知らせてきた。どうにも腰が落ち着かないのであろう、その声に促されて全員が雨合羽をはおって外へ出た。

黙って雨の音に耳を澄まし、川の流れを見つめているうち、渓がほのかに白んできて、心なしか雨は小降りになったような気がした。

やがて足元が見えだし、夕べの残り飯を皆で腹に詰めこんでいると、ようやく夜が明けそめ、それとともに雨はいつしか霧に変わっていた。降雨の峠は越えたらしい。あー、これで助かったと、ぼくはしみじみ思った。誰もが合羽を着たまま岸辺に腰を落とし、白い靄に包まれた谷あいをぼんやりと眺めていた。

渓の水が引くのは早かった。まるで川底の栓を抜いたように、どんどん水位が落ちてゆき、二、三時間もすると、ほとんど昨日と変わらない水嵩に戻ってしまった。もっけの幸いとばかりに、山ちゃんと鎌ちゃんが竿を引っ張り出し、出合いのトロ場で毛バリを振った。

いきなり、ガバッときた。水飛沫が上がり、竿が大きくしなっている。声にならない声をもらして山ちゃんが下手《しも》にさがりながら、ようやく三十センチ前後のイワナを川原にはね上げ押さえこむ。

と、その下手で竿を振っていた鎌ちゃんにも、良型がきた。大きくたわんだ竿をためつつ、川原を駆けている。

まさに忽然と、何かに触発されたかのように〝雨っこの渓〟のイワナたちが動きだした。ゾクッと戦慄が身を貫くと同時に、ぼくは竿を取りに駆けだしていた。

靄が消えて青空が素顔をみせた。雨に濡れたブナの森は、夏の朝日を浴びて、ひときわ鮮やかに煌めいていた。

イワナのふるさと

　このことは二十年ほど前、いや、もっと後だったような気もする。それは、ある出会いから始まった。古い記憶を、たどりながら話してみたい。

　四月になっても、冷たい冬が居座っていた。魚の出は、かんばしくなかった。うろうろしていたら五月の連休も過ぎ、季節は芽吹き時から新緑へと移っていた。数日、ぐずついた天気が続いた後、からりと青空がのぞいた。そろそろ雪解けの水も落ち着いて、山奥の川も竿が出せる頃合いではなかろうか。思い当たる川があった。「日帰り」とだけ、カミさんに告げて家を飛び出した。

　田畑が広がる胆沢《いさわ》の間道を、北に向かって走った。左手に残雪の焼石連山が、真っ青な空にくっきりと稜線を画いていた。川の状態が気になって、車を止めては胆沢川、夏油《げとう》川の流れを眺めた。少し濁りが入っていて、水位も高そうだ。でも、これくらいなら、竿が出せそうな気がした。和賀川に架かる橋を渡り、和賀町の横川目に抜けた。雪代水だろうか、葦原の中に乳白色の流れが鈍い光を放っていた。今日、当て込んでいた尻平《しったい》川だ。雨が降り、谷あいの残雪が解けだしたのだろうか。

とにかく竿を振ってみようと、路肩に車を寄せた。土手を下り、葦をかき分け流れに踏みこんだ。いきなり、ぐらっと身体がよろめいた。そこは膝下までの深さがあり、底流れが強かった。どろっとした流れで、川底が見えないのだ。緩やかな流れを選んで、毛バリを放りこんでいった。護岸された浅瀬も探ってみたが、まるっきり反応はなかった。意外にも水の勢いがあり、あきらめて川から上がった。ここなら、という思わくが、はずれてしまった。帰り道、狭い橋を渡り、何気なく橋の下を覗きこんだ。沢というより、田んぼの脇の堰《せき》みたいな細い流れだ。こんなところに沢があるなんて、これまで気が付かなかった。

流れは道沿いに、森の奥へと延びているようだ。ちょっと、ためらいはあったが、沢に沿った道に車を入れた。対向車とのすれ違いもできない、うっそうとした林の中の道を、そろりそろりと進んだ。車の通った跡があった。誰かが、この道を往き来していることになる。草が生えている、わずかな道の出っ張りを見つけ、車を頭から突っこんだ。流れはヤブに埋もれていた。なんとか竿が振れる場所を捜し、ちょこ、ちょこと毛バリを落としていった。何度も毛バリを、枝葉に引っ掛けた。

この沢には、魚がいない気がした。引き返そうとした、その時前方のヤブの陰で、なにかが動いた。ぎくりとして、立ちすくんだ。人の顔が見えた。男はぼくに気付いた風もなく、短い竿を流れに突き出した。グイと引きがあり、青白いイワナが躍り上がった。彼は慣れた手つきで、イワナを胸元で押さえた。彼は、ぽんぽんとイワナを引き抜いていった。

なんとはなしにぼくは、彼の後をつけていた。ふいに彼が振り向いた。彼は目を見張ったまま、ちょっとの間こっちを見つめていた。それから渋い顔つきになった。近づいたぼくは、ぺこりと頭を下げた。彼は「驚かすんでねぇ」と言うと、何か肩にかついだ。それは短く切った三本の太い竹を、ナワでしばったもので、竹筒には水が詰めてあり、釣ったイワナが入っているようだ。

「あのー、どうしてイワナを生かして持って帰るんですか」

つい、口が滑ってしまった。

「お前《め》ぇさん、なんでよ、この沢さ入ってきた。ここで釣りすんのは、誰もいねぇぞ」

彼はぼくの質問をはぐらかすように言うと、さっさと木立の中へと歩いていった。この沢で竿を出すのが悪いといった彼の言い種に、少々むかっとした。彼の後を追って道に出たが、どこに行ったのか姿はなかった。どこか車を回せる場所はないかと、上手へ車を走らせてみた。しばらく行くと林が切れて、周囲が明るくなった。木立の中から屋根が見えた。こんなところに、民家があるようだ。左手に下る道があり、車を入れた。狭い庭の隅に軽トラックが止められてあった。庭の前方に、コンクリートで作った水槽らしきものが、二つ見えた。その陰から、ひょいと顔が覗いた。沢でイワナを釣り上げていた、あの男だ。

「よおー。お前《め》ぇさんが。イワナ出たが」

ぼくは返事をしなかった。

「さっきはよ。いきなり、お前ぇんさんが、顔出したもんで、びっくりしてよ。よけいなごと、言ったようだ」

と彼は、ばつが悪そうな顔をした。彼は気難しい男と思ってたが、根は人が好いのかもしれない。たずねもしないのに彼は、池でイワナを飼い近くの宿などに売っていると説明した。イワナはこの沢で生まれたものだけを使い、卵を採って孵化《ふか》させる試みもしているという。養殖池の中には青味がかった、でかいイワナが悠々と動き回っていた。そうか、竹筒に入れてイワナを運んだのは、ここの池で育てるためなのだ。ここの沢の天然イワナに、彼のこだわりがあるようだ。

それから折を見て、池のあるKさん夫妻の家に立ち寄るようになった。長いつき合いになった。しかし、Kさんがイワナを釣り上げていた、あの沢には、あれ以来一度も足を踏み入れなかった。

秋も深まった十月の末、盛岡での所用を済ませて和賀町へ回った。夫妻の大好物である、胡麻煎餅を手土産に買った。Kさんのところへ行くのは、二年ぶりになろうか。空はべったりとした灰色の雲に覆われ、今にも雨が降りそうだった。町をはずれると、紅や黄に色づいた森や林が、ぼやけて見えた。見慣れた風景の中、橋を渡り、池へ通じる細道を走って、いつものとおり、庭の隅に車を止めた。

おや？　と気がついた。沢から池に水を引いていた水路に、水が流れていなかった。二面ある池を覗いて、あっと声が漏れた。池には水がなく、ゴミや落ち葉が散らかっていた。いったい、何が起こったというのだ。

「あー、来たが」と、背後でKさんの声がした。ぼくは池を指差して、「イワナは」と聞いた。彼は、それには答えずに、家に上がってくれとぼくを促した。居間に座ると奥さんがお茶を運んできて、黙って頭を下げた。

「あのよ、イワナ飼うのやめた」

彼は絞り出すように、声を発した。ぼくはとっさのことで、言う言葉が見つからなかった。

「やめたのは、今年の五月でな。お前《め》ぇさんには、知らせなかったけどよ。ここには電話が入ってねぇしよ。なんとなく、言いそびれてしまった」

彼は七十歳を超えてはいるが、どこか具合が悪そうにも見えなかった。それにしても、いつもの彼の快活さはなく、何か隠しているように思えた。もしかして、イワナの販売でトラブルでもあったのではないかと思い、そう聞いてみた。

彼は困ったような顔つきで、奥さんのほうにちらっと目をやった。ぼくは彼の言葉を待つつもりで、湯呑み茶碗に手をのばした。

「こんなごと言ってもよ。お前ぇさん、信じてくれねぇべな」

と、意を決したかのように彼は、言葉を選びながら話し出した。

昨年の夏だったという。夜半に降り出した雨は、翌日の朝になってもやまなかった。時おりゴォーと風まじりの激しい雨が、周囲の樹木を揺らした。心配になった夫妻は、池の見回りをした。雨のために流れてきた草や葉っぱが、池の水路に詰まったり泥水が入りこんだりすると、イワナは窒息死することもあるのだ。

夕暮れ時、ようやく雨が小降りになった。ふたりは飛ばされてきた、池の周りの枝葉をかたづけていた。その時、わぁーという奥さんの悲鳴が上がったという。何事かと、彼はそっちを見ると、奥さんは地べたを指差したまま、わなわなと震えていた。

地面を何か、うねうねと這っていた。

「ばしゃ、ばしゃとイワナがよ。池から飛び出すんだ。地面を這ってよ。申し合わせたように一列になって、草むらにもぐりこんで沢に落ちていったんだ」

そこで彼は話を切り、一息入れた。なぜイワナをつかまえて、池に戻さなかったのか。

「なぜだかよ。そんな気になれねぇがった。イワナをつかむのがよ、怖がった」

ただ夫妻は、這っていくイワナを見ながら、突っ立っていたという。

雨あがりの二日後。夫妻は沢の上流へ、行ってみたという。ヤブのはびこる流れに、十数尾の大型の黒い影があり、足音にイワナは逃げまどった。ここには、イワナはいなかったはずだ。あちこちに、イワナの影があった。

「あんた、ここのイワナ。池から逃げ出してきた、イワナじゃねぇの。生まれたどこさ、帰りたかったんだね」

彼は奥さんに返す言葉がなく、ヤブに覆われた沢を見つめているだけだった、という。

これまで卵を採るため、育てた大型のイワナの数が減っていることを、薄々感じてはいた。イタチ、ヤマセミなどに取られているのではと、余り気にしなかったという。

「これまでよ。ここの沢のイワナに飯《まんま》、食わせてもらった。今さら、仏心出したって仕方がねぇけどよ。こいつと相談して、イワナを飼うのをやめることにしたんだ。誰にしゃべったって、わかってもらえねぇ。笑われるだけだ。でもよ、二人で決めたんだ」

そう言うと彼は、晴れやかな顔になった。

スーと、部屋の中が暗くなった。ザァー、ザァー、ザァー。屋根をたたいて、秋時《し》雨《ぐれ》がやってきた。ぼくは何も言えずに黙りこんだまま、雨音を聞いていた。

ぶな虫

それは、三年前のことであった。

一人で栗駒山系の祭畤山《まつるべ》を水源とする前川の枝沢に分け入ったのは、涼しい朝のうちであったが、竿を出す頃にはもう、深緑の谷間に夏の強い日が差しこみ始めていた。

エサに使う川虫は、なかなか見つからなかった。

それというのも、七月も末だったのでカゲロウやカワゲラ類のほとんどが羽化した後で、流れの石を剝がして残りわずかな川虫を捜すのは、厄介で手間が掛かった。

ほどほどにイワナを釣り上げたら早めに引き返すつもりが、どうしたことか、この日に限ってとんと食いはなかった。まるっきり魚影がないというのではない。瀬を渡ると何度か足元から黒い背が飛び出し、淵や深場の落ち込みにも、ちらつくイワナの影はあった。

とうとう、エサカゴの川虫を使い果たし、予備にと持ってきたミミズに手を出したが、やはり効果はなかった。

川虫に見切りをつけると、今度は沢沿いに転がっている石や倒木を起こして、すばしこくて逃げ足の速い地グモやハンミョウ、嚙《か》まれると痛い大きな赤アリなど、何でも手当たり次第つかまえた。ヤブの中に入ると、ノリウツギの白い花につく一、二センチのカミキリ虫も見つかったので、これも数匹エサカゴに収めた。

何とか食い気を誘おうと、これらをとっかえひっかえ試してみた。しかしイワナは、そっぽを向いたように沈黙したままであった。

このまま今日は諦めて戻ろうという気持ちとは裏腹に、足は未練たらしく上流へ向かっていた。

しだいに落差のきつい渓相に変わり、岩場を越えるたびに息が切れて、時々立ち止まっては喘《あえ》いだ。噴き出した汗が顔をしたたり、目にしみた。ふと気がつくと、山峡の源流深く、いつの間にかずるずると彷徨《さまよ》いこんでしまっていた。

岩場の上り下りがひんぱんとなり、竿を出しやすい場所だけ拾うように探ってゆくと、四、五メートルほどある滑床の滝にぶつかった。この滝を左岸から巻いて、熊笹の生い茂るなだらかな山肌を滑るように谷底に降り立つと、流れの中に大岩が顔を覗かせた、ゆったりとした淵があった。

上手に目を移すと、大小の岩が重なり合った階段状の落ち込みが、ずっと上流まで延びていた。淵の対岸は黒々とした岩壁が垂直に沢に落ちこんでいるが、左岸は熊笹と小灌木の低い山並みで、谷筋には明るい陽光が届き、見上げると山の稜線の上に狭い青空が望まれた。この熊笹の山肌をよじ登れば、わけなく昔の杣道《そまみち》に出られるはずであった。

ぼくは急激に喉の渇きを覚えて、水を掬《すく》おうと水辺に近づいて両膝をついた。その時、ユラッと水面に黒い影が揺れた。ハッとして首をすくめ、そうっと水の廻る淵を窺った。

三匹のイワナが落ち込みの白泡のすぐ下に横一列に並び、ユラユラと流れに頭を向けていた。右端の一匹は群を抜く大型で一際目を引いた。

ぼくは気どられないように後退りすると、カミキリ虫を鉤につけ、四つん這いになって白泡の下に振りこんだ。

スーッと、朱色のカミキリ虫がイワナの頭上を滑ってゆくのがはっきりと見えた。イワナは微動だにしなかった。まるで無関心を装うかのように、ただ流れの中に漂っているばかりであった。

エサカゴからハンミョウや地グモを取り出し、つけ替えては、気を入れて繰り返し竿を振った。石ころの上についた膝が痛くなるのも我慢して、ぼくはどんな些細な変化をも見逃すまいと、水面を凝視していた。

「なんじょだあ、釣れだがや」

いきなり背後から野太い声が浴びせられ、一瞬、心臓が凍りついた。振り向くと、手拭いで頬被りをした、肩幅の広いがっしりとした体軀の老人が、熊笹を掻き分けて渓《たに》へ降りてくるところであった。

ぼくは胸の動悸を静めるのがやっとで、声を上げる余裕すらなく、ペタリと坐りこんでしまった。降ってわいたような、得体の知れない老人の出現に肝を潰し、半ば腰を抜かしてしまったのだ。

老人は山菜カゴを背負い、腰にはナタを帯《お》び、ワラジ履きの出立ちで、するすると熊笹を伝って近づいてきた。とっさにぼくは、文句の一つでも言わなければと言葉を捜したが、唇がひきつったようになって口籠ってしまい、不機嫌な顔で相手を睨むのが精一杯であった。

意外なことに、よく日焼けした顔はあまり皺もなく、老人というのは憚られるような、かくしゃくたる若さを保っていた。じいさんはこっちの思惑など知ってか知らずか、柔和な細い目をいっそう細め、ニコニコと話しかけてきた。

「今日は、なんぼやってもだめだべぇ、水熱《あづ》くなっと、イワナっこ夏ぼげして、なんぬも食わねぐなるもんだ」

無遠慮に空のビクを覗く老人に腹を立てる元気もなく、ぼくはぼんやりと黙りこんでいた。すると、じいさんは何やらぶつぶつ呟くなり、後ろのヤブの斜面にとりつき、熊笹の若芽の芯を二、三本抜き取ってきて、それを小さく嚙《か》み切り、口の中でモグモグやっていたと思うと、プッと掌に吐き出した。

「どりゃ、ちょっくら竿貸してみろや」

老人の有無を言わせぬ堂々とした態度とわけのわからない行動に圧倒されたぼくは、否応なく竿を手渡してしまった。いったい何をするのだろうと眺めていると、じいさんは口から吐き出した熊笹の芯を二つ、ハリで縫い刺しにして、突っ立ったまま無造作に淵の流れに竿を振った。すると下手から一匹のイワナがサッと近寄って、くるりと反転した。ぼくは思わずあっと声を漏らした。

じいさんは二度ばかり大きく素振りをくれると、今度は〝エサ〟を思い切りよく落ち込みの白泡にぶつけた。〝エサ〟は落下する水に押されて、勢いよく廻りながら白泡の中に潜りこんだ。

と、下手から矢のように黒い影が走ったかと思うと、一気に竿がしなり、グイグイと引きこまれてゆく。じいさんは、たたらを踏むように、二、三歩つんのめって下手《しもて》にさがった。ぼくはあわてて立ち上がって駆け寄るなり背後から、「無理するな、竿をためろ！」と叫んでいた。

　頭を左右に激しく振りながら下手の深場に突っこもうとするイワナの魚体《からだ》が、ギラギラと水中で光った。じいさんは中腰になってゆっくりと竿をためると、岸辺のたるみに魚を寄せ、その頭部を水面に出し、一呼吸おいて岩場に引きずり上げた。

　ぼくは飛んでいって、バタバタと大きく跳ね上がる大イワナを両手で押さえつけた。一尺はゆうに超す、三匹いたうちの一番の大物であった。

「うん、うめぇぐいった、うん」

　じいさんは、してやったりと満足そうに顔をくしゃくしゃにした。今にも嚙みつきそうな面構えのイワナは、摑《つか》んだ掌をはねのけようと、何度も身を躍らせた。

　ぼくは両手に抱えた大イワナを差し出して、これはあなたが釣ったのだから持っていってくれ、と言ったが、じいさんは、そんなものはいらんと、一向に取り合おうとしない。二度三度、押し問答をしていたら、やおらじいさんはぼくの腕からイワナを取り上げ、尻尾を持って隅の岩に頭を二、三回打ちつけて野じめをし、ビクの蓋を開けると二つに折るようにして捩《ね》じこんでしまった。

　礼を言うのも照れくさく、どうにも格好がつかなくなったぼくは、ばつの悪さを誤魔化すように、じいさんの釣りの腕前を誉め、どうして熊笹の芯でイワナが釣れるのか教えてくれと言った。

「なんだって、イワナっこ釣りだば、ぶな虫最高《むす》だべな。うめえも、へたもねぇ」

ぼくは以前、どこかで耳にして記憶にあった「ぶな虫」という言葉に聞き耳を立てた。

「熊笹の芯《すん》、齧《かず》ってぶな虫みでぇにして、イワナっこ、だまぐらかすんだ」

熊笹の芯を二本抜いてきたぼくは、じいさんに言われた通り、三、四センチに嚙み切り、口の中に入れ、軽く嚙んでみた。ちょっぴり水気を含んでいて青くさかった。口の中でやんわり嚙むのがコツで、それをくの字に曲げて二つ重ねて縫い刺しにすると、ぶな虫にどうにか似てくるという。

嚙みつぶされた、掌の薄緑色をした二つの熊笹の芯は、見ようによっては、青い毛虫みたいでもあった。ぼくは、その〝ぶな虫もどき〟を鉤につけると、淵の落ち込み目がけて竿を振った。当たりはなく、さっきの騒ぎで底石の穴にでも潜りこんだのか、淵のどこにもイワナの影はなかった。試しに上手《かみて》の小さな落ち込みに何度か振りこんでみたが、じいさんのときのようにたやすくはイワナは姿をあらわさなかった。そう頻繁《ひんぱん》に熊笹の芯でイワナが釣れるはずはなく、じいさんが釣れたのは全くの偶然で、気まぐれなイワナのいたずらではなかったのかと、ぼくは思い始めていた。

「やっぱぁ、本物でねぇど、ながなが、うめぇぐ、いがねぇもんだ」

水位のない澄んだ流れよりも、雨後のささ濁りや風の吹く日の方がかえってイワナは熊笹の芯に騙《だま》されやすいと言って、後からついてきたじいさんは少しすまなそうな顔をした。

二人ともまだ昼飯前だったので、日陰になっている大岩の傍《そば》に腰をおろし、仲良く弁当をひろげた。ぼくはぶな虫の正体を知りたかったので、じいさんにそれとなく質問してみた。じいさんが言うには、

「ぶな虫は、ブナの樹さたかる青虫のごとだ」

それは、四、五センチの青虫で、だいたい八月のお盆頃に一番見つけやすく、ブナの樹を蹴飛ばすか、細い樹なら揺さぶるとポタポタと落ちてくるという。

「そんでも、ぶな虫、湧ぐ年ど湧がねぇ年があるもんだ」

ぶな虫のいない年はどこを捜しても嘘のようにまるっきり姿が見えないが、それがブナの原生林にあふれる年は、樹から落ちたぶな虫で谷川の流れが埋めつくされるほどで、イワナは腹がはち切れんばかりに、落ちたぶな虫を貪欲に食い漁るそうだ。

昔、森林の伐採や運搬に従事していたという、このじいさんは、仕事の暇を見つけてはイワナ釣りに精を出したという。

「山さ入《ひ》ゃって、食うもんねぐなっと、やしゃねぐなって（どうしようもなくなって）、イワナっこ釣ったもんだ」

仕事もしないで遊んでばかりいたのではなく、腹の足しにすべく必要に迫られてイワナを釣ったということであった。ぶな虫がいない年は、仕方がないので熊笹の芯を齧《かじ》ったり笹やブナの葉を巻いてエサ代りに使ったが、それでも何とかイワナは釣れたものだという。

「ぶな虫の落っこった渓さ行ぐと、イワナっこ気狂《きずげ》えみてぇになって、なんだが、気び悪くなるもんだ」

何年か前、釣りに出たじいさんは、イワナの群れが岸辺に落ちたぶな虫を食おうと浅瀬で水しぶきを上げながら蠢《うごめ》いているのを目撃したことがあった。まるで、それは川原に乗り上がろうとする蛇の群れのようで、鳥肌が立つような気味悪さを覚え、竿も出さずに逃げ帰ってきた。

「今はどごのブナの樹も、ぶった切って、ねぐなってしまい、さっぱりぶな虫、湧がねぐなった」

その時、いつも笑っているようなじいさんの目が、はじめて寂しそうに曇った。

これまで気にもかけなかった「ぶな虫」が、あの老人との奇妙な出会いで俄に興味ある対象となった。だが、ぶな虫のことを尋ね廻っても、ほとんど曖昧な答えが返ってくるばかりで、正体をつかんでいる人はいなかった。釣り仲間もぼくと同じで、まだ一度も見たことがないという者が多かった。実物が分からないのだから、たとえ渓の何処かに落ちているのを見かけたとしても気にもとめずに素通りしていたに相違ない。それに、別段ぶな虫でなければ釣りができないわけではなく、釣りエサは他にいくらでもあるのだ。

ただ、人に尋ねて分かったことといえば、ぶな虫は夏、ブナの樹に発生する青虫で、蛾の幼虫らしいということだけであった。

ぼくはカメラを背負ってブナの森を何度か探索して歩き、青い毛虫を見つけると片っぱしから写真に収めては蛾の幼虫図鑑と首っ引きで調べてみた。だが、それらは形も皆同じように見え、図鑑と照らし合わせてそれと確認することは困難であった。

ぶな虫の正体探しが暗礁に乗り上げていたとき、思わぬところで「ぶな虫」の名に出くわし、解明への糸口を見出した。

それは今年になって八月中旬の地方新聞の片隅に載った、一つの記事であった。

〝キノコを使い、ブナ害虫防除〟という見出しで、ブナの葉を食い荒らす蛾の幼虫の駆除にキノコの一種であるサナギタケを利用する研究が始まったことが紹介されていた。

ぼくは即座に、新聞記事の出所である、盛岡市下厨川《しもくりやがわ》にある農林水産省林業試験場東北支場の研究員、Yさんに手紙を差し出した。何日もしないで、心よく会って下さるという内容の返事が届き、早速ぼくは撮ったフィルムや地図を持って、厨川の林業試験場へ飛んで行った。

広い牧草地の一角にある白い建物の林業試験場に着き、玄関横の受付で来意を告げると二階へ案内された。階段を上り、鳥の剝製、樹のサンプル、岩石、昆虫などを展示している静まり返った標本室の前を通って、昆虫研究室という札を掲げた部屋の前に立つと、待っていたかのようにドアが開き、丸顔のYさんが「いらっしゃい」と笑いながら迎えてくれた。

ぼくは挨拶もそこそこに、持ってきた数枚のフィルムを机の上に並べ、今までの疑問を矢継早にぶつけた。Yさんはルーペを取り出してフィルムを覗きこんでいたが、数枚の中からたった一枚だけを選び、「これがぶな虫です」と指差した。それは去年、焼石《やけいし》連峰の胆沢《いさわ》川の支流で写した一枚であった。

「ぶな虫というのは、ブナの葉を食い荒らす、いわば食葉性害虫であるシャチホコガの一種で、ブナアオシャチホコという幼虫です」

〝ブナアオシャチホコ〟――ようやく分かったぶな虫の正体である。

「古く、ブナアオシャチホコは、べなしゃちほこ、プライヤシャチホコ、ぶな虫と呼ばれておりました。べなしゃちほこ、ぶな虫は方言による俗称で、プライヤシャチホコは昔の和名です」

Yさんは、標本にされたぶな虫の成虫蛾を見せてくれた。薄茶と灰色の混じり合った四、五センチの蛾は、よく山でビバークした際に焚火や照明に飛びこんでくるという。そう言われてみると、どこかで見かけたことのある蛾だ。

「ブナアオシャチホコの成虫は、ブナの葉裏に一日二十粒から百粒くらいの卵塊を数日間にわたって産みつけます。卵の期間は八日から十日ぐらい。孵化した幼虫は最初、ブナの葉の表面だけをなめるように食べるので、葉脈がすけて見え、次第に成長すると葉肉全体も食べるようになります。全幼虫期間はおよそ二十七、八日ぐらいと言われています」

「では、ぶな虫がいるかどうかは、ブナの葉を見れば分かると……」

「ええ、下からブナの樹を眺めて、葉が虫くい状態ですけていたり、ところどころ食い跡があれば間違いなくぶな虫はいます」

Yさんは続けて、ぶな虫の体色変化について説明してくれた。

「幼虫は全体が黄緑色で、背線の両側に黄白色の縦じまがあり、蛹《さなぎ》になる少し前は背線に鮮やかな赤または青の縦じまがあらわれます。老熟すると縦じまは消えて、体色は淡い青緑色に変化し背面全体が紫色を帯びてきます。こうなると、幼虫は樹を伝い降りて落葉の下に潜りこみ、薄い繭《まゆ》をこしらえて蛹になるわけです。蛹は茶褐色で、落葉が積もったブナの樹の下などを注意して浅く手で掘ってみると見つけることができます」

ぼくはアルコール漬けのぶな虫の蛹を手にとって、成虫である蛾の標本と見比べた。蛹も蛾も茶色っぽくくすんでいて、幼虫のときの鮮やかな緑色とはまったく対照的である。これも、ぶな虫が厳しい自然の中で生存するための保護色なのかもしれない。

「ぶな虫の天敵はいないのですか」

「昆虫ではクロカタビロオサムシ、寄生バエ、寄生蜂。ネズミ類も蛹を食べるといわれています。野鳥もずいぶんと捕食するはずですが、最近研究されているのが、ぶな虫の蛹に生えるサナギタケです。蛹につくオレンジ色をした五、六センチの棒状のキノコのことです。サナギタケ菌の感染経路や発芽条件などは、まだ詳しくは分かりませんが、六月から八月頃にかけて蛹がサナギタケ菌にとりつかれると、蛹はそれで死んでしまいます」

ぼくは、イワナはぶな虫をどれほど食べるものか、駆除に一役買っているのではないかと聞いてみた。

「渓川に落ちるぶな虫は全体の中で、そう多くはないはずですが、大発生するとそれだけブナの葉を食う一匹あたりの面積が少なくなりますので、エサが不足し、餓死して谷あいに落ちる結果となります。そうなると、イワナの腹におさまるぶな虫は相当な数にのぼり、貴重なタンパク源となるでしょう。イワナに食べられなくても、ぶな虫は水に落ちると、やがて死ぬことになります」

「どうして、ぶな虫は落下する習性があるのでしょうか」

「餓死とは別に、ぶな虫の幼虫は非常に敏感でデリケートな神経の持ち主なため、ちょっとした刺激で集団がばらばらになったり、口から糸を引いて落下したりします」

風や雨の強い衝撃によってもぶな虫は落ちるそうで、ブナ樹を強く蹴るとそれと同じ状態になることがこれで分かった。

「ぶな虫の発生は周期的で、およそ三年ほどで消滅します。ブナの葉が全山食いつくされ、裸木同然の禿山《はげ》となるほどの異常発生は、およそ十年ぐらいの周期ではないかと思います。最近では昭和五十六年の八甲田山、八幡平が挙げられます。大発生に至るメカニズムは、残念ながらまだ分かっていませんが、温度が高いと幼虫の成長が早く、したがって暑い夏ほど発生しやすいようです」

「大発生するとブナの森は枯死するのですか」

「いいえ、枯死するようなことはありません。ひどくやられると、二、三年ぐらいの成長の遅れはあるでしょうが」

ブナ林の伐採によって、川が荒れ、魚の棲息環境が破壊されている現状を、ぼくはそれとなく尋ねてみた。

「林の中に魚つき林というのがあります。水質汚濁を防止し、魚の棲息しやすい日陰や就餌場所を確保するために、川の長さや面積によって、それに見合った林を残しておこうという計画林のことです。そのために、ブナ林などの広葉樹林については、伐採するばかりでなく、奥地の渓谷にある森林をできるだけ保存する努力もしているはずです」

「ぶな虫が絶えるということは、あり得るのですか」

「ぶな虫であるブナアオシャチホコの幼虫は、ブナの葉しか食べない特性があるので、ブナの原生林がなくなれば必然的に絶滅してしまいます」

焼石連峰に源を発する胆沢川支流の小出川《おいで》に仲間五人と源流遡行したのは、下厨川の林業試験場から戻って間もない八月末の炎暑の続く渇水期であった。

胆沢川本流は、これ以上減水できないというほどみじめな様相で、剝き出しになった巨岩が、まるで白いむくろのように横たわっていた。その本流をうちやって小出川に入り、最初の滝を右岸から巻いて切り立った山あいの渓谷に降り立つと、四方の山山からアカエゾゼミの唸るような鳴き声がぼくらを包みこんだ。

水量の乏しい流れは、物足りないほど楽な上りで、源流行はこの日が初めてというK君もA君も、まるで駆けるようにして先頭をつとめている。

随所に、底まで見通せる淵があらわれ、そのたびに皆は立ち止まって覗きこんだが、どこにもイワナの影はなかった。

途中で二度、小休止をしたが、後は一気に上り、左岸に山の頂上から吹き出すように落下する、高さ二十メートルほどの名もない滝を通り過ぎると、間もなくビバーク予定地点の大高鼻沢付近の平坦な川原に出た。

手早く皆でテントを張り終えると、この時を待ってたとばかりに、若いK君とA君の二人が竿を片手に下流へ消えていった。Sさん、Hさん、ぼくの三人は、コーヒーを沸かし、一服してから立ち上がった。

背負っていたザックの重みから解放された三人は、軽快な足どりで川幅のある見通しのよい小出川本流を肩を並べて歩いていった。強い日差しが川一面に照り返し、目を開けていられないほどの眩しさだ。

露出した滑岩の続く、傾斜の緩い川筋は、足首にまつわりつくチョロチョロとした細流があるのみで、普段ならたっぷりと水をたたえた落ち込みも、動きのない水溜まりに変わっている。何処を見渡しても、イワナが隠れそうな場所はなかった。

竿を出す意欲も湧かぬまま、三人は左岸の大高鼻沢を尻目に、支流の栃川が本流に注ぎこむ合流点にさしかかった。

栃川は、出合い付近は岩だらけの細い流れだが、見上げるようなブナの巨樹に覆われて、川筋はまるで穴蔵のようだ。流れに横たわるブナの風倒木をくぐり抜けて、三人はそこへ足を踏み入れた。

明るい川原から暗い渓に入りこむと、いきなり目潰しを食らったように、周囲が真っ暗になった。少しの間、そこでじっとして目が慣れるのを待った。ひんやりした涼風を受けて、たちまち汗が引いてゆく。両岸はブナの原生林が鬱蒼《うっそう》と茂り、わずかな木洩れ日が苔むした谷あいにチロチロと落ちている。アカエゾゼミの鳴き声も届かないほど、あたりはしんと静まり返っていた。

しばらく川を遡ってゆくと、いくらか落差が出てきた。流れが緩く曲がったところで、水が一抱えもある岩を滑るようにしたたり落ちている、小さな澱《よど》みにぶつかった。その前で、ぼくは、ハッとして足を止めた。

「ぶな虫だ！」

ほとばしるように言葉が出た。

赤と緑をごちゃまぜにしたような固まりが、水の静止した澱みの脇の窪んだ底に、重なり合うようにして沈んでおり、目を凝《こ》らして上手を見ると、川岸の岩場にも浅瀬にも、撒き散らしたかのように夥《おびただ》しい数の赤と緑の点が転がっているのであった。その異様な光景を前にして三人は声もなく、立ち竦《すく》んでいた。

ぼくは、おそるおそる澱みの中に両手を差し入れた。

「なんだがやぁ、翻《かず》られんでねぇが」

Hさんが不安気な声で言った。

水が動くと、底に沈んでいた固まりが壊れて、フワーッと浮き上がってきた。掌に乗った五、六匹を水から掬《すく》い上げてよく見ると、やはりぶな虫に間違いなく、腹部は透き通った薄緑色をしており、背はくっきりとした白線が何本か縦に走っていて淡い赤紫色を帯びている。

太さは小指ほどで、長さは五、六センチもあった。みずみずしく、なまめかしい色相であったが、死んでいるのか、ビクリともしない。額を突き合わせるようにして、三人は掌のぶな虫にしげしげと見入った。すると急に、ぶな虫は首をもたげてモゾモゾと動き出した。ブルッと手が震え、ぼくはもう少しで掌からぶな虫を落っことしそうになった。死んでいたのではなく、水の中で一時、仮死状態になっていたのだ。

後《しり》込みして、手を出すのを嫌がるHさんをなだめすかし、三人はエサに使おうとぶな虫を拾い集めることにした。岩場に落ちた、まだ元気なやつをつまむと、首をもたげて身をよじった。百足《むかで》みたいにたくさんついている足はザラッとした感触で、吸いつくように指にからむ。その度に、誰からもヒャッと小さな悲鳴が洩れた。

川岸の地面よりも流れに落ちているものが多く、水から拾い上げたぶな虫はすぐ息を吹き返したが、中には黒ずんだ紫に変色し腐りかけているものも相当あった。エサカゴはたちまち艶やかなぶな虫で溢《あふ》れた。

ぼくは竿を継いで仕掛けを取りつけ、エサカゴからぶな虫を取り出した。だがエサとしてはでかすぎて、どうにも持て余し気味であった。頭、尻、胸の一体どこにハリをつけたらよいのか迷ったが、背の真中ほどに縫い刺しにしてみた。

最初に竿を振ったのはSさんで、何の変哲もないチャラ瀬の石まわりにぶな虫を放った。ふっと水面に落ちたぶな虫が掻き消えたと思うと突然、竿先がガクガクと震え、上手に糸が走った。意表をつかれたSさんがしゃにむに抜き上げると、紫がかった源流生れのイワナが薄明りの緑陰に躍り上がった。イワナの口元からぶな虫が半分ほどはみ出ており、魚体はぼてっとよく肥えていた。

簡単にイワナが釣れたことで、三人は色めき立った。ぼくは小石が並ぶわずかな落ち込みの溜まりにぶな虫を落としてみた。矢のように向う岸から鋭い影が走って、竿を立てる間もなく糸を鳴らし、引きこんだ。まさしく入れ食いであった。どんな場所からもイワナは闇雲《やみくも》にぶな虫へ飛びつき、淵に放ると争うように数匹が殺到した。釣り上げたどのイワナの腹も大きく脹れ上がり、摑《つか》むと口からぶな虫が飛び出すこともあった。

三人は前になったり後になったりして交互にイワナを抜き上げていった。釣り上っていくと、しだいに落差のある渓相に変わり、手ごろな淵や小さな滝が連なって上手へと続いていた。

淵の前で竿を出していたHさんがしきりに呼ぶので、近づいていって覗くと、一匹のぶな虫の両端を二匹のイワナがしっかりと銜《くわ》え、顔を突き合わせてじっと動かないでいる姿が澄んだ流れの中に見えた。Hさんが静かに竿先を引き上げてゆくと、二匹のイワナはそのままの格好でついてきて、ようやく水面近くでパッと身を離した。

狂気じみた、余りにも凄まじいイワナの荒食いであった。

「もう、やめっぺ！　なんぼ釣ったって、きりねぇべ」

怒ったような口ぶりのSさんは、心なしか青ざめて見えた。三人はそそくさと竿をたたみ、淵を控えた小高い岩場に足を投げ出して腰を下ろした。誰も口を開かなかった。

足元の淵に目をやると、しきりに蠢《うご》めく一匹のイワナの影が淵尻の下手に見えた。岸寄りの岩盤には、流れに打ち寄せられたぶな虫がべったりと付着している。イワナはその水際のぶな虫に近づくそぶりを見せるが、人の気配を察してか、何度も行きつ戻りつ尾ビレを返した。

と一瞬、金色に縁どられたイワナの双眸が強い光を放ってぼくを射た。ビシッと水音鋭く一閃したイワナは、水辺に躍り上がってぶな虫を銜《くわ》えると、勢い余って岩盤に身を滑らせ、水辺のぶな虫を蹴散らしながら、しぶきとともに水中に没した。

ザワザワとブナ林が鳴り、風が渓を渡ってきた。梢が揺れるたびに、葉陰から光の帯が差しこみ、淵の底に沈んだ紅色のぶな虫が妖しく、ほのかに煌めいた。

蛍火

お盆の時季を迎えると、ちょっと憂鬱《ゆううつ》な気分に襲われる。なにも仏事で忙しいからではない。ぼくの家では昔から、お盆に川へ出掛けるのは御法度とされており、それゆえこの歳に至るまで、せっかくのまとまった休日を「無駄」に過ごしてきた、という経緯があるからである。

お盆に殺生を禁ずることの意味は分からないではない。が、能天気に言ってしまえば、この時季は川釣りの盛期なのである。野アユは大きく育っているし、朝晩には大型のヤマメが毛バリに飛びつくし、とにかく、釣り師にとってはまたとない好機なのである。

こんな時代に「家訓」などというもので人を縛るのは、理不尽ではないか。だいいち、この頃はもう「お盆に殺生をするな」なんて抹香臭いことを言う人はほとんどいない。それが証拠に、お盆のときほど川は釣り人で賑わっている。

それに、キャッチ・アンド・リリースという手があるではないか。釣り上げても、また水に戻してやれば殺生にはならない……などと、屁理屈をいろいろ頭の中で捏ねくり返しながら、今年もまたお盆休みを家でずるずると過ごしていた。

じりじりしていた。無性に釣りに出たかった。休みは今日八月十六日、この一日しかない。なにか、もっとうまい理屈はないものか。そう思案していたら、ふと閃いた。そうだ、釣りに行くと思うから罪悪感がはたらくのだ。写真でも撮りに行くと思って、その旨、家族にさりげなく告げればいい。

よけいなセリフをつけずに言ってみた。すると、日頃なにかとうるさい母は何も咎め立てしなかった。「しめた」とばかりに、ぼくは一目散に家を出た。肩からカメラ・バッグを下げ、ぶらりとその辺に行くような服装で、「帰りは遅いから夕飯はいらない」と付け足すのを忘れずに。釣りの道具はもちろん、車のトランクに詰めこんである。

昼はとうに過ぎているが、あわてることはない。日暮れ前の小半時、夕まずめにライズする大ヤマメを毛バリで狙ってみよう。行く先は猿《さる》ケ《が》石《いし》川支流・琴畑《ことはた》川だ。

炎天下、遠野《とおの》の猿ケ石川本流にときどき目をやりながら、車を走らせた。この辺りはアユの釣り場だが、川に立ちこむ釣り人の姿はまばらにしか見えない。今年はアユの育ちが悪く、追いがかんばしくないのだ。

町はずれから猿ケ石川支流・小烏瀬《こがらせ》川ぞいの道をたどると、一人二人とフライフィッシャーの姿が見えだした。お盆の十六日でもやっているじゃないか。妙に親近感がわく。

この小烏瀬川に左岸から、つまり東側から注いでいるのが琴畑川である。

小烏瀬川と琴畑川の出合いの上流で道を右折し、琴畑川の中流域へと車を走らせた。この時季、数こそ出ないがヤマメのでかいのが一発期待できるのは、湧水が多く比較的水温の低いその辺りだ。

道端に車を止め、身仕度を整えて川に降りた。流れは思いのほか水位があり、これなら大釣りもなくはない、といやがうえにも欲が出る。お盆に釣りをしているんだ、ざまぁみろとほくそ笑む。が、いざ竿を振りはじめると、水面は何の変化もなく、チャラ瀬で一度、小型のイワナが出ただけ。

さっぱりだ。だいいち魚ッ気がない。いったんそう思いこんでしまうと、どっと疲れがでた。ぼくは流れに足を投げ出し、リュックを枕に樹陰で一休みすることにした。うつらうつら少し眠ったらしい。目を覚まして時計を見ると、午後五時を回るところだった。山あいが狭まっているので、ここは日の陰るのが早い。両岸が灰色を帯びて、水の色もくすんで見える。これからの一時が勝負だ。

立ち上がってふたたび竿を握り、淵やトロ場を探っていくが、どうしたことか魚の気配はない。夕暮れが近いのを知ってか、カワガラスがしきりに鳴きながら飛び去ってゆく。
琴畑の数軒の集落を過ぎたところで川幅は急に狭まり、歩きにくいヤブの区間とな
った。一尾でも出ればいいという思いで、振りにくいポイントへ毛バリを落としてゆ
き、ヤブを掻い潜りながら流れを曲がると、右手の木立の中に、サラサラと流れる銀
色の帯が見えた。琴畑川に注いでいる小沢だ。その細く浅い流れに入りこんで数歩進
んだとき、前方でビシャッと水音がした。目を凝らしていると、またビシャッと音が
して水しぶきが立った。この時を待っていた。魚がエサを漁《あさ》り出したのだ。
腰を屈めて、そこへ毛バリを放りこんだ。グイッと竿がしなり、水面を転がるよう
にして掌に飛びこんできたのは二十五センチほどの肥えたイワナだ。思わず、フーッ
と溜め息が洩れた。
バシャッと、今度は前方の葦の根元で水音がした。葦にラインをとられないよう、
慎重に振りこんだ。——と、黒い背中が躍り上がって水面が大きく割れ、竿先がたち
まち横へもっていかれる。強い引きに耐えて足元に寄せると、ヤマメの白い腹がしぶ
きを上げてのたうった。二十八センチぐらいの良型だ。
まだ、しきりにエサを食っている。夕闇に毛バリが溶けこんで、どこにあるのかお

ぼつかない。水音を頼りに、竿を撥ね上げた。ヤマメがとぎれると、イワナがくる。一尾、二尾……五尾、六尾。泡立つような食い気に、ぼくはすっかり浮き足立っていた。

沢の両岸が葦と草ですっかり覆われているところまできて、ハッと我に返った。いったい、どこまで入りこんでしまったのか。日はとうに暮れて、周囲の森には蒼い闇が立ちこめている。早くもどらなければ……と急いで竿をたたみ、後ろへ振り向こうとしたとき、傍らの葦の葉陰でポッと小さな明かりがともった。なんだろうと見ているうちに、その青白い光はあちらこちらで明滅し、おりからの風に吹かれてポッ、ポッと空へ舞い上がる。蛍《ほたる》だ。蛍の群れがきらきらと光の尾を引きながら、乱舞をはじめた。あっけにとられながら、狭い沢筋を琴畑川との出合いに向かって歩きだした。岸辺の葦に体が触れるたびにいくつもの白光が跳ね、吹きつのる風がサーッと沢を渡ると、揺らぐ葦の間から火の粉をまきちらしたように舞い上がる。ゆらゆらと闇に漂うおびただしい数の蛍火《ほたるび》におどろき、立ちつくしていると、それらがみるまに降りかかってぼくの体を包みこんだ。

あわててそれを払い落とし、立ち去ろうとしたとき、（おー、おー）と微かに人の声がした。低く唸《うな》るような声だ。誰かが「おーい」とぼくを呼んでいるのだろうか。辺りを見回した。が、樹や草の影がおぼろに見えるばかり。

人の声？　いや、そんなはずはない。水音がなにかに反響して、人が唸っているように聞こえるだけだ。沢の中ではよくあることだ。そうだ、これは幻聴《げんちょう》というものだ。

背筋に冷たいものが走るのを感じながらも、平気を装って歩きだした。ところが、こんどは（あー、あー）と、さっきとは違う高い音が耳にとまった。震えるような、人の声。女がすすり泣いている？

「どうしたんですか！　誰か、いるんですか」

足を停めて声を張り上げ、もう一度辺りに目を凝らした。（あー）という音がふっと掻き消え、風をはらんだ枝葉が頭上でサワサワ鳴った。とたんに、ぼくは駆けだしていた。小沢の中を水を蹴散らし、ヤブを掻き分けて出合いに向かった。

足がもつれ、石につまずいて転びそうになり、ベストがイバラに引っ掛かってバリバリと音を立てる。それでもしゃにむに小沢を下り、密生したヤブを越えようとしたとき、掌と頬に鋭い痛みが走って、ぼくは思わず「ウッ」とうめき声を上げた。

どこをどう駆け抜けたものか、樹々の切れ間からふいに琴畑の流れが現われ、そこから川沿いの踏み分け道に躍り出た。心臓がどきっ、どきっと音を立て、息が切れそうで立っていられない。汗が全身から噴き出していた。

膝に手を当てた姿勢で、しばらく息を整えてから、星明かりの小道を川下へ向かった。もう蛍火は見えず、人の声らしいものも聞こえないが、それでもときどき後ろを振り向かずにはいられなかった。

前方にようやく民家の淡い明かりが見えてきた。琴畑集落の一番奥の家だ。喉がひどく渇いていたので、その家に立ち寄って水を飲ませてもらうことにした。

川に面した庭から入りこみ、ちょっと奥まった戸口に向かって、

「こんばんは」

と声を掛けた。二度ばかり呼ぶと、奥の土間から家人があらわれ、戸口に立った。腰の曲がった白髪の婆さんだ。

すまないが水を一杯もらえないかと頼むと、婆さんは黙ったまま奥へ引っこんだ。足が不自由なのか、歩くと体が左右に揺れる。

間もなくガラスのコップを片手に土間から出てきて、そろりと差し出した。ぼくはそれをひったくるように貰うと、一気に飲み干した。すばらしく冷たい、うまい水だ。が、まだ喉の渇きはいやされない。

「すみません、もう一杯……」

そう言うと、婆さんは黙ったままコップを受け取り、また体を左右に揺らして土間の陰に消え、ふたたびコップを片手に出てきて、ぼくの前に差し出した。こんどは押

しいただくようにそれを受け取り、ゆっくりと水を喉に流しこんだ。

ほんとうはもう一杯欲しかったが、婆さんを何度も往復させるのは気がひける。コップを返して礼を述べ、立ち去ろうとすると、やおら婆さんはぼくの顔を指差して、

「ちぃ」

と言った。ちぃ？　あっと気付いて手の甲を頬に押し当てたら、ビリッと痛みが走り、甲を見ると真っ赤な血が一文字に付着している。さっきヤブをこいだとき、イバラの棘で頬を切ってしまったのだ。いや、頬ばかりではない、両手の甲や指にも小さな引っ掻き傷が、いくつも付いている。

「なぬ、したんだ、お前《め》ぇさんは」

婆さんはジロリと目をむいた。

実はこの先の小沢で……と、ぼくが説明しはじめると、婆さんは手を振って、そんな話はあとでいいからとばかりに、

「入っていったらいいべ」

とつぶやくように言い、土間に向かった。断るのもなんだし、顔だけでも洗わせてもらおうと思いながら、ぼくは婆さんの後について戸口をくぐった。

暗い土間に立って見渡すと、一段上に囲炉裏を切った板間が、そして左手には台所

があり、食器の類いがぼんやりと見える。板間の後ろが部屋続きで、その一角から淡い光が洩れている。家の中はひっそりとしていて、婆さん以外に家人がいる気配はない。

ぼくが流しで顔を洗っている間に、婆さんは土間の暗がりでゴソゴソ動いていた。そしてタオルで顔を拭いてから、あらためて礼を述べようと振り返ると、すでに囲炉裏の前に座って、ぼくに少し休んでいったらどうだと言う。

「今夜はだれもいねぇ、みな町さ花火見に行ったがら、おら一人だ。なにもできねぇがら、がまんしてけれ」

なるほど、婆さんの向かい側の板間にはタクアンをのせた小皿があるだけ。囲炉裏には火もない。だが、薪が燃えるときの煙のきな臭さがそこらじゅうに染みついていて、それが鼻をくすぐる。ぼくはことさら陽気にふるまい、板間に上がって胡坐《あぐら》を組んだ。

人心地がつき塩辛いタクアンをかじっているうち、さっき小沢で起きたことが生々しく思い出された。あれは、いったい何だったんだ。もしかしたらこの婆さん、なにか知ってるかもしれない。そう思いついて、ぼくはおそるおそる切り出してみた。

「この奥の沢に、誰か住んでいるんですか」

すると婆さんは、何を言い出すのだといった顔付きで、

「昔は家もあったし、人もおった。そんでも今は誰もいねぇ」

と言って首を横に振る。ぼくは、口にすべきかどうかちょっと迷いながらも、

「でも、イワナ釣って帰ろうどしたら俺、たしかに人の声みたいの聞こえだ。誰かを呼んでるような、女の人が泣いでるような……」

それなのに姿は見えない。薄気味悪くなり、走ってもどってきたが、途中、ヤブに突っこんでしまい、こんな傷をつくってしまったのだ、と一言一言区切りながら話をした。しゃべっているうちに気持ちが高ぶってきて幾度も言葉がつかえ、そのたびに生唾を呑んだ。

婆さんは、こちらをちらっと見ながら聞き入っていたが、そのうち俯いて、皺《しわ》んだ瞼を閉じ、ぼくが語り終えてもそのまま、つくねんと座っている。いや、居眠りでもはじめたような気配だ。

つまらぬことを聞かせてしまった。夜の沢で人の声がしただなんて、冷静に考えてみれば根も葉もないことに違いない。まずかったと内心舌打ちしつつ、ぼくはタクアンの小皿に手を伸ばした。黙ったままでは間がもたなかった。が、暗い板間に座る婆さんの、ぼうっと浮かぶ白髪の白い塊を見て、思わず「蛍」と声が洩れた。

「そうだ婆さん、蛍がいっぺえ光ってた、あの奥の沢で」

すると婆さんは急に瞼を上げ、

「おぅ、いたが……。昔はな、あの沢さ蛍いっぺえいたもんだ。ほんでもよ、このごろ見たごとねぇ。そうが、いたが」

と言い、大きく体を揺らした。

「ぜぇぶ昔の話だ。おらも忘れるほどの昔の話だがな……」

言い澱《よど》みながらも婆さんは話しはじめた。ゆっくりと、独りごとでも言うように。それはこの老女の思い出話というより、周囲の闇が洩らす深い溜め息のようにも聞こえる。

――何十年も昔、あの沢の奥には一軒だけ家があった。老夫婦とその母の三人で暮らしていた。しかし妻が亡くなり、続いてその夫が亡くなると、都会に出ていた夫婦の一人息子が祖母を看《み》るためにもどってきた。

そのうち祖母も病死したが、家を絶やすわけにもいかないので一人息子は町から嫁を迎えた。ほそぼそと農業をやりながら、あの沢の奥で暮らしを立てていこうと覚悟したのだ、という。

「嫁ごはよ、気立てのええおなごでな……」

やがて、二人に女の子が生まれた。

「そりゃ。めごこい（かわいい）童《わらす》でな。いづも、三人で町さ遊びにいってだって話だ。そんでも、あまり近所づきあいはしねぇがったな」

そんな幸せな暮らしが、あるとき――。

「あんどきはな、暑う夏で、そんだ蛍がいっぺぇ出た年だ。とづぜんよ、大雨が降って、こごの川も溢《あふ》れそうになった……」

酷暑と乾燥の日々が続いた後、いきなり豪雨がやってきて川は氾濫し、下流域では道路や田畑に多大の被害が出たという。

「そんどきだ、かわいそうなごとしたのは……」

ようやく二歳になったばかりの子供が川縁で遊んでいて、親がちょっと目を離した刹那、足を滑らして増水した沢に落ち、流されてしまった。

「二人はよ、子供の名前呼びながらな、夜になっても捜して歩いでだな。かわいそうなごとした」

婆さんは、鼻をグスンと鳴らした。

行方不明になって三日後、下流の集落から「女児の遺体が見つかった」との報せが入った。亡骸は琴畑川が小烏瀬川に注いでいる出合いの淵に浮かんでいたのだという。

婆さんの話をそこまで聞いて、ぼくの脳裏にふっと、古い記憶がよみがえった。それは、近頃ではもう思い出すこともないけれど、あの淵にまつわるちょっと不可解な出来事として、心の片隅に引っ掛かっていた。

あれは、たしか七、八年前の夏のことだ。ぼくはその日、小烏瀬川を毛バリを振りつつ遡行していた。が、イワナ、ヤマメばかりか、カワガラスやヤマセミも姿を見せず、酷《ひど》い暑さの中でなにもかもが鳴りを潜めていた。

一尾も釣れないまま琴畑川出合いの下のトロ場まできて、ここで魚の食いがなかったら今日は諦めようと二度、三度と毛バリを振りこんだ。——と、そのとき、対岸の草が急にサワサワと揺れ、叢《くさむら》から岸辺の砂地にスーッと蛇が現われた。太さが子供の腕ほどもある、見たこともないでかい青大将だ。濃い緑色の肌が、ねっとりとした鈍い光を放っている。

蛇は流れに入ると身をくねらせながら上流へ向かった。と見ると、なにを思ったか、流心のほうに頭を向け、流れに押されつつこっちの足元めがけて滑ってきた。蛇がひどく苦手なぼくは思わず「うわっ！」と声を上げて後退りし、背後の叢に逃げこんだ。

蛇の出現で釣る意欲をすっかりそがれ、引き上げることにした。だが、あの蛇はこちらの岸の下手、つまり上の道路に至る踏み分け道が付いている辺りに潜りこんでしまった。鉢合わせでもしたら、ことだ。仕方なく、このまま草ヤブを這い登ろうと、腰の高さまで伸びた草やイバラを掻き分けて数歩進んだとき、小岩につまずいて転びそうになった。

かがんでよく見ると、それは岩ではなく、高さ四、五十センチの黒ずんだ石碑だった。そして、その隣には高さ二十センチぐらいの石像のようなものが立ててある。それは小さな子供がおじぎをしている姿にそっくりだ。石碑の表面にはなにか文字が彫ってある。摩滅していて判読できないが、指で微かな彫り跡をなぞると、どうやら「水神」と読める。ぼくはこの「水神さま」にちょっと手を合わせてから、ヤブを抜けて道に上がった。

帰途、一軒の古ぼけた駄菓子屋に寄り、そこのおかみさんに「水神さま」のことを尋ねてみた。すると、おかみさんは、

「爺ちゃん、亡ぐなってしまって、わがんねぐなってしまったども」

と前置きして、あの石碑を建てたのは琴畑の上のほうに住んでいた人たちだ、と爺さんに以前聞いたことがあるという。

「昔はよ、琴畑と小烏瀬の合わさったどごは深ぇ淵でな、周りには小屋みてぇな、でけぇ岩があったもんだ。童《わらす》のころ水遊びすっとな、カッパに引っ張られるから泳いでなんねぇと、大人たぢに叱られたもんだ」

それからおかみさんは、遠くを見るような目付きで言った。

「あの淵は、いろんなものが流れついで溜まるどごだ」

おかみさんのいう「いろんなもの」とは、「予想だにしないもの」の意であろうと、そのとき、ぼくは軽く考えた。しかし、それがまさか「人の亡骸」を婉曲に示す言葉であったとは……。


婆さんはクスンと鼻水をすすり上げ、ひとつ溜め息をつき、話を続けた。

「それがら何年がして、二人はな、急にいねぇぐなってしまった」

彼らが住んでいた沢の奥の家は打ち捨てられ、長年にわたって雪と雨と風にさらされたあげく朽ちてしまった。

「あの二人が何処《どこ》さ行ったのが、わがらねぇ。帰ってきたっつう話もきかねぇ。そんでもよ、お前《め》ぇさん、人の声、聞こえだどいうんだから、帰ってきたのがなぁ」

帰ってきた？　朽ち果てた家に？　いや、婆さんはおそらく、二人の霊がこの地にもどってきたと言っているのだ。この世とあの世の見境もなく語っているのだ。

「此処《こご》、やんだくなって（嫌になって）逃げでもよ、やっぱ最後はよ、此処さ帰ってこなきゃなんねぇ。すかだねぇんだ」

吐き捨てるようにそう言うと、婆さんはなにやらブツブツつぶやきながら目を閉じ、身じろぎもしない。何かが乗り移ったようなその姿を見ているうち、ぼくはしだいに肌が泡立ってきていたたまれなくなり、つと立ち上がった。そして板間の端まで行って腰を下ろし、靴をはいた。開けっ放しの土間の戸口から、せせらぎの音とともに、ひんやりした風が渡ってくる。外はもう、墨を溶かしたような闇夜だ。

「ごっつそうさまでした」

と礼を述べ、土間においた小さなリュックをつかもうとして下を見ると、その辺りがほんのり明るくなっている。——と、すぐさまそれが消え、ふたたびぼんやりと灯がともる。蛍だ。蛍がリュックのどこかについている。

留め金から紐をはずし、布の被《おお》いを上げた。ハラリと光の粒が跳ねて足元に落ちた。さっき小沢にいたとき降りかかってきた群れの一匹が、リュックの被いの内側にでも紛れこんでしまったのだろう。

「おい、何してんだ、はぐれてしまったのか」

そう囁《ささや》いて見つめていると、蛍は風に乗ってふわりと舞い上がった。青白い光を放ちながらゆらゆら土間の暗がりを浮游し、天井の梁《はり》の辺りまで上昇したかと思うと、そこからまっすぐ戸口に向かって降りてゆき、そのまま闇の彼方へ飛び去っていった。

ザシキワラシ

このことは、まだ誰にも話してなかった。おそらく信じてもらえないだろうと思っていた。しゃべる気になったのは、ぼくと同じような体験者がいることがわかったからだ。二十数年も前の出来事だった。

当時、取り憑《つ》かれたように遠野《とおの》通いを続けていた。猿ケ石川《さるがいし》の上流域では、ほとんど釣り人に出くわすこともなく、めちゃくちゃに魚がいた。そんなめくるめく世界に、どっぷりとはまりこんでいたのだ。

トロトロと居眠りしていたら、バスの運転手に起こされた。終点、上附馬牛大出《かみつきもうしおおいで》の集落だった。十戸足らずの集落が、猿ケ石川と蛇滝《じゃたき》川沿いに点在していた。さらに大出のバス停から、五百メートルほど上に戸数八軒の上大出の集落が山裾に肩を寄せていた。

ねぼけまなこに、夏の日差しがまぶしかった。

「よー、帰り遅れんなよ。熊さ、気ぃ付けろ」

顔見知りになった、運転手が窓から顔を出して言った。いつだったか、最終のバス発車時間を遅らせて、運転手はぼくが来るのを待っていてくれたことがあった。しかし、結局その日ぼくはバスに間に合わなかった。そんなことがあったから、運転手は遅れるなと念を押したのだ。

早池峰《はやちね》神社の山門をくぐり、拝殿《はいでん》に賽銭《さいせん》を上げて手の平を合わせた。ケガのないよう。魚が釣れますよう。家内安全を願って参拝するのが習慣になっていた。鬱蒼《うっそう》とした境内の中は、日の光は届かずひんやりした涼気が漂っていた。森からエゾゼミの鳴き声が湧き出していた。神社を後にして、上大出の方角へ向かった。

数軒の集落を抜けると、すぐに道は石ころだらけの狭い杣道《そまみち》に変わった。薄暗い木立の下を歩いて行くと、森からこぼれた木洩れ日が、チカチカと足元にまつわりついた。

しばらくすると林の陰に、民家の屋根が見え隠れしてきた。上大出の集落だった。この辺りから、杣道《そまみち》はさらに深い森の中へもぐりこんでいた。杣道は上りになり、上大出の集落から離れていく。ここから上へはまだ行ったことがなかった。

今日は、以前から狙っていた猿ケ石川の源流域に踏みこむつもりだった。

足元がおぼつかないほど、鬱蒼とした森に入りこんでいた。まったく日の光は届いてこなかった。道は、うっすらとわかるくらいの踏み分け道になった。谷底に下りられそうな場所を物色するのだが、のぞきこんでも生い茂る樹木で、谷川はまったく見えなかった。川音も聞こえてこなかった。

ふと、足が止まった。崖下のヤブに切り込みを入れたような、狭い溝ができていた。誰かが下りたような形跡があった。クマザサにつかまりながら、下りると確かに人が歩いて踏み固められたものだ。村人が山菜を採るためのものか、それとも、熊撃ちのマタギが使うものだろうか。一筋の道は斜めに、谷底まで続いているようだ。きつい傾斜をそろりそろりと下りていった。どのくらい下りただろうか、かすかに瀬音が耳に届いてきた。谷川が近いようだ。やがて、なだらかな木立の中を抜けると、ふいに周囲が開けて、渓《たに》の底に下り立った。

ザァーという川の流れが耳を打った。やんわりと、谷あいを風が流れていた。森の香りがした。大岩が立ち塞《ふさ》がるように、折り重なって森の奥へと延びていた。青白い流れは、岩の間を縫って力強く迸《ほとばし》り落ちていた。淵の落ち込み、岸辺の岩のえぐれ、岩の間のとろりとした流れ。どこに竿を出しても、魚が釣れそうだった。胸が躍った。

一投目は、目の前の小さな落ち込みの、流れ出しに竿を振った。

いきなり、ドスンときた。キュン、キュンと糸を引きこんだ。

緑色がかった、いかつい顔のイワナが水面を割った。ここはと思う場所で、判で押したように的確な魚信《あたり》が竿先を震わせた。

一つ、二つ、三つ……、そのうちに数えるのが面倒くさくなりやめた。岩盤を這い上がり、淵を巻き谷川を遡《さかのぼ》った。足元から、イワナがばらばらと四方に逃げ惑った。深い淵をのぞくと、でかいイワナから順序よく小さなイワナまで横に並んで、ユラユラと揺れていた。ゴボウ抜きに、大型のイワナだけを釣り上げていった。気がつくと、水しぶきや汗で、濡れねずみになっていた。ずいぶん奥地へ、入りこんだようだ。

天を突くように渓は迫り上がって、ますます狭まった。張り出した樹木が谷あいを覆い、竿の振れない場所も現れてきた。チョロチョロと、流れ落ちる小さな水溜まり。そこにもイワナが潜んでいた。この辺り、そろそろ源流域と考えてもいいのかもしれなかった。

昼が近かった。たっぷり四時間は、釣り上がってきたことになる。夕方のバスの発車時間を逆算すると、もう引き帰す頃合いだった。野宿の用意をしていないのに、深追いは危険だった。山の斜面を這い上がり杣道を捜すより、上ってきた川沿いに戻った方が楽な気がした。にぎり飯を齧《かじ》り、一息入れると谷の流れを滑り落ちるように、下っていった。休まずに一気に谷を降りた。ようやく、空が望める開けた谷あいに降り立った。汗だくになっていた。ワーンと、エゾゼミの鳴き声が響いてきた。杣道を下ると、上大出の集落へ通じる丸太の一本橋にたどり着いた。

しばらく行くと、木立の中に上大出の集落の屋根が見えてきた。ここまで来れば一安心だった。思ったより早く戻れたので、バスが出るまでには大分間があった。

立ち止まったまま、眼下の村落を見下ろしていた。枝葉の隙間から、狭い斜面に作られた畑が見えた。

ばて気味だった。喉が渇いて、水が飲みたかった。村へ行けば水にありつけるはずだ。林を抜け、ヤブを掻き分けて畑に出た。畑の脇に細い道がつけられ、集落へ続いていた。道をたどると、生け垣をめぐらせた、茅葺《かやぶ》きの家にぶつかった。屋根つきの門構えで、間口は広く豪壮な造りだ。上大出にはこの辺りの庄屋の役目をまかせられた家があると聞いたが、もしかするとこの農家かもしれなかった。門をくぐると広い庭があり、地鶏が数羽遊んでいた。

「ごめんください」

二度、三度、門口に向かって声を上げた。返事はなく、ひっそりとしていた。セミの声だけが、周囲から湧き上がっていた。珍しく暑い日差しが、照りつけていた。どこかに井戸か水飲み場があるはずだった。庭の隅に、杭や薪《まき》を積み重ねている小屋の裏をのぞくと、水音が聞こえた。小石を敷き詰め、木枠で囲んだ溜まりに、湧水が流れ落ちていた。そこには、真っ赤に熟れたトマトが五、六個浮いていた。

膝をつき、水の溜まりに口をつけて、息もつかずにゴクゴクと飲んだ。冷たい清水が、心地よく体にしみ込んでいった。美味しそうなトマトが気になった。

手にとってみた。ひんやりと冷えていた。

喉が鳴った。

ひとつぐらい、いいだろうと思った。

ふと、背後になにか気配を感じた。振り向くと誰か人が立っていた。

慌ててぼくは、握っていたトマトを水の溜まり場に戻した。

「すいません。水が飲みたかったんです。呼んだのですけど、返事がなくて……。決して怪しい者ではありません。すいません」

しどろもどろに謝りながら、泥棒ではないことを懸命になって弁明した。もんぺ姿の白髪の老婆が身じろぎもしないで、こっちを見ていた。ふっくらした丸顔に、閉じているかのような細い目があった。ぺこぺこ頭を下げていたら、老婆は手招きするように、手の平をヒラヒラさせて、スタスタと門口の方へ歩いていった。ぼくは老婆の後についていった。

門口から土間に入ったとたん、目つぶしをくらったように、目の前が真っ暗になった。明るい外から、急に暗い家の中に飛びこんだせいだ。一寸《ちょっと》の間、立ちつくしていると、少しずつ目が慣れてきて家の中がぼんやり見えてきた。

広い土間の隅が台所で、竈《かまど》があり、自在鉤が吊るされた囲炉裏《いろり》が切られていた。火の気はなかった。どっしりとした柱や梁《はり》は黒々としていて、よく磨かれた板の間は窓からこぼれてくる日の光に、飴《あめ》色の光沢を放っていた。

ちょこんと、老婆が板の間に座っていた。また手の平をヒラヒラさせて、こっちへ上がれという仕草をした。長い廊下だった。廊下の床を歩いていくと、足の裏にヒヤリとした冷たさが貼りついた。ぴたぴたと、気持ちがよかった。

と、ある部屋の前で、老婆は足を止めた。老婆に促されて、ぼくは部屋に入った。開け放された障子から、しのび込んでくる日の光に、部屋の中は、ほのかに明るかった。ずいぶんと広い座敷で、床の間には水墨画の掛け軸が吊るされ、柱に古ぼけた柱時計がかかっていた。なぜか、柱時計の振り子は動いていなかった。

いつの間にかいなくなっていた老婆が戻ってきた。朱塗りのお盆をぼくの前に置いた。お盆には、麦茶と真っ赤なトマトが二個、乗っていた。老婆は、食べなさいというように、うなずいた。麦茶に飛びついて、一気に飲み干した。トマトにむしゃぶりついた。たちまち、ふたつ目のトマトも平らげた。

なんとか腹の足しになって、人心地がついた。気がついたら老婆は消えていた。どこへ行ったのだろう。

セミの声が、かすかに届いてくるだけで、ガランとした部屋はしんと静まり返っていた。眠くなってきた。老婆は、バスが出る時間には、まだ間があった。このままごろりと、横になりたかった。老婆は、なかなか戻ってこなかった。肘枕ぐらいならいいだろう、と思った。止めどなく、睡魔が襲ってきた。スーと、まぶたが重くなった。寝入ってしまったのだろうか。体が鉛のように重く、何度も寝返りを打った。妙に意識だけは、はっきりしていた。そのうち、誰かが座敷に入ってきた。男か女かわからないが、赤ら顔したおかっぱ頭の子供ふたりだった。

子供らはドタバタとぼくのまわりを回りながら時々、顔をのぞき込んだりした。そのうち、黙っているのをよいことに、ぼくの腕をつかんだり、足を引っ張りはじめた。うるさい子供たちだった。怒鳴りつけたかったが、よそ様の家の子供を叱るのは、老婆の手前があって憚《はばか》られた。

じっと我慢していたら、子供のひとりが、いきなり、ひょいとぼくの腹の上に乗っかった。あっと声が出た。びっくりして、ぼくは跳ね起きた。子供らは消えていた。

ひっそりと老婆が、目の前に座っていた。

子供らは逃げて、きっとどこかに隠れているのだ。老婆にたずねてみた。

「あのー、さっきまでここで遊んでいた子供さんは、お婆さんのお孫さんですか」

老婆はちょっとの間、キョトンとしたが、すぐに手の平をヒラヒラさせて違う違うと手振りをした。

「あー、そりゃおらの家のよ、ザスギボッコウ（ザシキワラシ）だ」

初めて口を開いた老婆は、細い目を丸くして笑みを浮かべた。

なんとしたことだ。あの子供らが、妖怪のザシキワラシというのか。

はっと気がついた。慌てて腕時計を見た。とうに、最後のバスの発車時間は過ぎていた。日が陰って涼しい風が座敷を通り抜けていった。ひたひたと夕闇が、座敷にまで押し寄せていた。

遠野郷附馬牛

遠野郷は古く、遠野保《とおのほ》とか西閉伊郡とも呼ばれ、遠野・土淵《つちぶち》・附馬牛《つきもうし》・鱒沢《ますざわ》・達曽部《たっそべ》など一町十か村に分かれていた。それらの中で附馬牛は、北のどんづまり、すなわち早池峰《はやちね》の山麓から山あいの盆地にかけて位置し、猿ケ石《さるがいし》川沿いに点在するいくつかの集落から成っていた。

遠野駅から附馬牛の大出《おおいで》集落までは、バスが一日三往復運行しており、小一時間ほどの道のりである。十八、九年前もその本数は同じで、発着の時間もたいして今と変わらなかった。

朝の一番バスは六時台に遠野駅を発つ。だが、ぼくが住んでいる一関《いちのせき》からは、東北本線のどんなに早い列車に乗っても、花巻で釜石線に接続する関係で、その刻限には間に合わなかった。仕方なく、もっぱら昼頃のバスを利用して午後の猿ケ石川に竿を出し、帰りは大出を出る夕方の最後の便で遠野へ降《くだ》り、一関へは夜に戻るのを常としていた。釣りをしている時間は四時間ほどしかなく、せわしなかったが、それでも当時の猿ケ石川流域は魚影きわめて濃く、ビクを心地よい重さにしてくれることが度々であった。

そんな魅力にとり憑かれたように遠野郷へ足しげく通い始めた、ある年の五月半ばすぎのことである。いつもと違って、ぼくは夜遅い列車で遠野駅に着き、そのまま駅裏の民宿に転《ころが》りこんだ。翌朝の一番バスに乗って大出まで行き、明日こそは猿ケ石川の源流を詰める心算であった。

宿のおやじさんに、明朝は六時前に起こしてくれと念を押して頼み、蒲団にもぐりこんだ。おやじさんは、朝まだき、ぼくがぐっすり寝こんでいたところを情け容赦なく叩き起こした。眼をあけていられぬほど眠くて仕様がなかった。

駅前へ回って大出行きのバスに乗りこむと、乗客はわずか二人。閑散としたものである。

「お客さん、何処《どこ》で降ろせばいいや」

後部座席でうとうととまどろんでいたら、運転手の大声が耳に飛びこんできた。

「あー、大出まで……」

そう答えてすぐ、ぼくは再び眠りに入ったようだ。ふと気がつくと、バスの中はガランとして一人の乗客の姿もない。さっきは、一見して釣りだとわかるぼくの服装と眠たげな顔を見て、運転手があらかじめ声を掛けてくれたらしい。

車窓から、猿ケ石川のゆったりした流れが朧ろに見えてきた。もう夜明けだというのに、空は薄暗く、どんよりと曇っている。

「お客さーん、大出から何処さ入《ひゃー》るだ？」

運転手は釣り好きなのか話し相手が欲しいのか、しきりに話しかけてくる。後部にいたのでは声が遠いので、受け答えがいちいち面倒くさく、ぼくは運転手のすぐ後ろの席に移動するはめになった。

源流を攻めてみるつもりだというぼくの言葉に、運転手はウン、ウン、とうなずきつつ、

「ここ二、三日、雨降ってよ、ちょっと雪代《ゆきしろ》水入《ひゃ》って、冷《つめ》てえがら、ゆあな（イワナ）、食い悪いべぇど思う。エサはミミズがいいべぇなぁ」

と言った。やはり、釣りをやるらしい。運転手は何かと細かいことをしゃべりだし、次第に雄弁となった。

「俺なんかよ、終点でちょっと時間あるべ。こないだなんかよ、そごの前でよ、竿出したら九寸ぐれえのゆあな、バンバンだもな」

前方左手に停留所が見えたにもかかわらず、運転手が話に夢中になって度忘れしたのか、バスはそのまま素通りした。あわててぼくは後ろを振り向いて見たが、旨い具

合に誰もバスを待つ人はいなかったようだ。

「なぬ、心配《すんぺぇ》すっごどねぇでば。いま誰も乗らねぇ。御山が開けっと、せわしくなっけどな」

と、けろりとしている。霊峰・早池峰山が山開きすると、詣でる客でバスはごったがえすことがあるが、それは六月下旬あたりからで、その時期を除けば地元の人はめったにバスに乗ることはないのだという。

荒川橋を渡り片岸を経て西へ進むと、支流・大野川左岸に付いている上りの山道となった。萱ぶきの曲がり屋が道沿いの山際に点々と見える。やがて山並みが切れて、緩く曲がった猿ケ石川の流れが再び姿をあらわし、山裾に広がる盆地の中のこぢんまりした村里に抜け出た。小出《こいで》の集落である。

運転手はバスを停め、窓を開けて川を眺めてから、振り向いてニヤリとした。濁りのない上々の水嵩で流れの按配としては申し分ないではないか、と言っている風で、ぼくも運転手の肩ごしに流れを覗いて合点がいき、ニヤリと笑みを返した。

開いた窓から押し入るように、湿り気を帯びた冷たい風がときおり吹きこんでくる。見はるかす山の稜線は、芽ぶいたばかりの樹々の、ぼやっとした萌黄色でふちどられている。五月とはいえ、この北上山系の高地では、ようやく春の先触れがやってきたばかりなのだ。

バスは、さらに狭い崖際の、石ころだらけの道をガタピシ、大揺れに揺れながら突っ走り、切り立った谷底を真下に見おろす、か細い道をも、減速もせずに飛ばしてゆく。カーブにさしかかるたびにバスは大きく揺らぎ、軋《きし》めき、ぼくは跳ね上がって中腰のまま前の席の背もたれを懸命に摑《つか》んだ。

「なんでもよー、早《は》えほう、いいべぇ！」

前かがみになってハンドルを抱えたまま、運転手はどなるように声を張り上げた。

ひょっとすると、この運転手は自分が釣りをする時間を捻出したくて飛ばしているのかもしれない——そんな疑惑が脳裡をかすめたが、ぼくは口を結んだまま椅子にしがみついていた。

崖際の難所をいくたびか抜けると、ようやく川相が穏やかになり、大出の集落にたどり着いた。バスの終点であった。

ぼくはリュックサックを背負い、運転手に会釈してバスを降りた。スルスルッと運転席の窓を開ける音がし、また大声が耳を衝《つ》いた。

「よ！　何処《どこ》でもいいがら、川から上がったら道路で待ってれば、バス、停めっからな。よし、やっぱ、きょうはミミズだな！」

早池峰神社のところで道を左に折れ、しばらく杣道を歩いて小さな木橋の脇から谷底へ降りた。青白い色をたたえた猿ケ石川源流はたっぷりとふくらみ、瀬音にも雪代の勢いが感じられる。

竿をつなぎ仕掛けを結び、あの運転手に言われたとおり、鉤にミミズをつけた。竿を振って落ち込みからエサを流し、瀬尻まできたとき、フッと目印が止まり、軽く合わせると竿先がしなってゴッゴッとうごめくものが上手にはしる――。こらえて抜けば、飛沫を上げて八寸ほどのイワナが水面から躍り上がった。

幸先よく良型ばかりが竿をしぼりこんだ。小さな淵では尺をゆうに超す大物に岩穴にもぐられ、糸を切られた。瀬ではしるイワナに追いつけなくてバラしたのは何尾あったことか。それでも数本の尺イワナを交じえて、たちまちビクは重くなった。

ヘヅリも高巻きもなく、ふだんとは異なる速さで釣り上がってゆくと、落ち込みの脇に巨岩のある大きな淵に出合った。足音をたてずに流れ出しから巨岩の陰に回りこんで淵の中を覗いたぼくは、思わず、あっと声をもらした。

イワナの大群――。おびただしい数のイワナが密集して水中に黒い影をつくり、その影が得体の知れない獣のようにうごめいていた。息が詰まって、背筋に寒いものが走った。

最も大きなイワナは、おそらく一尺五寸に達している。八寸を超すもののみ数え始め、五十を過ぎたところで数えるのを諦めた。それまでにも淵にたむろするイワナの群れを目にしたことはあったが、こんな大群を実見したのは初めてであった。

だが、その光景に見入っているうち、ぼくは何か異様な物の気《け》というか、身のすくむような気配が辺りを包み始めているのを肌で感じた。どこからか底知れぬ薄気味の悪さが胸に忍びこみ、それに抗《あらが》いきれぬような心地がして、とうとう、ぼくは竿をさざずに大淵を離れた。

上流を見やると、深い森が渓谷を覆い、流れに黒々と翳《かげ》を落としている。瞬時、ここで引き返そうかというためらいが頭をもたげたが、それを振り払うように、その流れへ足を踏みこんだ。

——かなり奥地まで分け入ったように思えた。ふいに我に返って、腕時計を見た。十二時を少し回ったところだった。ぼくは岩陰に荷を下ろし、イワナの腹わたを抜いてから昼飯をとることにした。

流れの端の小さな溜まりに、ビクの中味をどっとあけた。何匹かの大イワナはまだ命脈をとどめているらしく、蛇のように身をくねらせている。それらのものも無差別に、次々とナイフで腹を裂いていった。あまりの匹数に辟易し、つのる空腹に舌打ちしながらも、ぼくの気持ちは高ぶっていた。なぜか、ナイフを持つ手がプルプルと震えている。

腹わたを取り除いたイワナを再びビクに収め、手と顔を洗ってから岩に腰を下ろし、握り飯を齧《かじ》り、持参のお茶を飲んだ。やっと人心地がついて、岩陰の窪みに身を横たえた。昨夜の寝不足がたたったのか、しきりに睡魔がおそってくる。どうにも我慢し切れずに、リュックサックを引き寄せて枕にし、どんよりとした空を瞼に感じながら寝入ってしまった。

ふっと、目がさめた。谷あいに白く霧がたちこめている。まとわりつくような霧に包まれて、目ざめたようだ。衣服がしっとりと濡れている。うすら寒さにブルッと体が震えた。いったい、どのくらいの時間、ここで眠っていたのだろう。

胸に緊張が走った。もたもたしていると霧はさらに濃くなり、一寸先も見えなくなる。霧に巻かれ夜の闇に閉ざされたら——。ぼくは手早く荷をまとめ、リュックを背負って立ち上がると、周囲を見渡した。すでに遠くの山並みはかすみ、稜線はほとんど輪郭を失いつつあった。

この濃霧では、ここから山の斜面を直登して杣道に出るのは、渓が深すぎて危険だし、もし杣道を見つけるのに時間がかかれば、大出から出る最後のバスに間に合わなくなる恐れがある。ならば一気に渓を降って、ここまでの遡行ルートをまた戻るのが一番確実であり安全であるに違いない。そう判断すると、ぼくは水を蹴るようにして川を下り始めた。

しかし、霧はみるまに濃さを増した。視界が狭まって、見るもののすべてから色という色が消えていった。石につまずき、滑って、何度か流れにつかりながらも、必死になって渓を駆けた。

びしょ濡れの体でこけつまろびつ、ようやく大出の集落へ通じる杣道に這い上がったとき、霧は小雨に変わり、夕闇が辺りを薄黒く染めつつあった。時計は、すでにバスの出発時刻がきていることを示していた。

動かずにいると、濡れねずみの身体《からだ》はたちまち冷えて、歯がガチガチと鳴る。バスには間に合いそうもないが、とにかく歩こう。歩いて山を下るのだ。もしかすると、あの運転手が気を利かして少しぐらいは待っていてくれるかもしれない。ぼくは杣道を大出に向かって小走りに急いだ。

合羽《かっぱ》をまとっても、横殴りの雨は頭や首を伝って容赦なく背中に染みこんでくる。濡れ雑巾をぴったり背に貼り付けたような重苦しさに、つい、肩にくいこむリュックやイワナの詰まったビクをも放り投げてしまいたくなる。

大出にたどり着いてみると、やはりバスはとうに出てしまい、夕闇に包まれた集落は眠りについたかのように静まり返っていた。

どうしようかという考えも浮かばないまま、川沿いの山道をとぼとぼと歩いて小出集落の方へ向かった。なに一つ根拠も当てもないのに、とにかく歩いて行けば何とかなるかもしれないと、ぼくはぼんやり感じていた。

ふらつく足どりで、ずいぶん長い距離を歩いたようだ。春先によく崖崩れの起こる狭い岩壁の道にさしかかり、ふと左手の崖下を覗くと、遠くに、一つの小さな光の点が見えた。その側《そば》の、青味がかった帯のように見えるのは猿ケ石川の流れのようだ。あの淡い光の点は、川縁から少し上がった高台にある農家の灯に違いない。

その民家は、大出や小出の村里からだいぶ離れたところに深い森を背にしてポツンと立つ萱ぶきの曲がり屋で、ぼくは以前、何度かその辺りを往き来して見知っていた。

付近に隣人のいない一軒家であり、いつもひっそりとしていて家人に出会うこともなかったが、ときおり、軒下に洗濯物が乾してあったり、堰《せき》から水を引いてしつらえた洗い場に、トマトやキュウリとともに皿、茶碗などの食器類が水に浸けてあったりして、そんなところに人の生活の匂いをかぐことはできた。だが、遠目にも柱や縁側の床をはじめ家屋の傷み加減が察せられ、萱でふいた屋根などは今にもずり落ちてくるかと思われるほど、いかにも古ぼけた佇いをさらしていた。

路上に立ちつくして、ぼくはじっと民家の灯を眺めていた。冷えきった身体に、時折震えが走った。意を決して、その民家へ通じる踏み分け道の降り口まで、今来た道を戻ることにした。

漆黒の闇の中、やっと川底へ降りる小道を捜し出すと、手さぐりでそろそろと下っていった。草やヤブが刈り取られた道は、そこだけが仄かに遮るもののない空間の輪郭を感じさせ、どうにか歩けるが、傾斜のきつい下りでは粘土質の地面に足をとられ、幾度か尻もちをつき、横滑りに転ったあげく、全身が泥まみれになってしまった。

雨は小降りになり、川岸へたどり着いたときにほとんど上がっていた。

サラサラと水音のする岸辺に座りこみ、ぼくは流れを幾度も幾度も掬《すく》って顔と手の泥を洗い落とした。それから川に架かる丸太の木橋を渡り、灯火《ともしび》に誘われるように曲がり屋へ近づいていった。川端から続く坂道をちょっと上ると、すぐに低い植え込みがあり、それが跡切れたところから玉石を踏んで狭い庭に入った。

家の中の明かりが門口まで洩れている。土間らしい戸の前まで来ると、さすがにほっとしたが、知らぬ家に上がりこむことへの気後《おく》れから、しばし声を掛けられずにいた。

「おばんです……おばんです……」

自ら情けなくなるほどに声はかすれ、震えてしまう。それでも喉元からしぼり出すように声を張り上げ、何度も呼び掛けた。すると格子の引き戸に人影が映り、カラリと戸が開いた。

目の前に、綿入りの赤いねんねこ半纏《はんてん》をまとった、若い娘が立っていた。娘はほっそりとした指を引き戸に掛けたまま、こちらをまじまじと見つめた。

ぼくは咄嗟《とっさ》には言葉がみつからず、「すみません……」と呟《つぶや》いただけで口ごもってしまった。この古ぼけた家から娘が現われ出るとは、まったく意外であった。それでも、

「あのー、帰れなくなってしまって……」

とだけ言うと、娘はちょっと考えるように口に手をやり、迷っている風であったが、つと後ろを向き、奥へ引っこんでしまった。

ひとり取り残されて所在なく、ぼくは戸口に突っ立ったまま、奥の囲炉裏で燃えているであろう炎の揺らめく影を見ていた。瘧《おこり》にでも罹《かか》ったみたいに、身体は間断なく小刻みに震え、すぐにもその炎のもとへ走り寄りたい衝動にかられた。

ってきた。

——と、黒い影が土間の戸口に立ちはだかるように現われ、いきなり、どら声が降ってきた。

「お前《め》ぇ、どごの者《もん》だ!」

背は低いが肩幅のある、がっしりとした老人が、咎《とが》めるかのようにジロリとぼくを一瞥した。白い頭髪が背後の囲炉裏の火に照らされて銀色に光った。

いいようのない圧迫感にたじろぎながらも、ぼくは切羽詰まった思いで、自分がけっして怪しい者でないことを説明し、ここを訪ねた経緯《いきさつ》を話した。まごつきながら喋るぼくの言葉が聞きづらいのか、老人は時折「なぬ」「なんだ」「あー?」と短く声を発し、その都度ぼくは同じ意味のことを繰り返し言わなければならなかった。

土間の向こうの囲炉裏の周りでいくつかの人影がうごめき、何事が起きたのかと、じっと事の成り行きを見守っている様子だ。

老人はどうやら事情が呑みこめたのか、しだいに態度をやわらげ、「あー」「あーそうか」と、こちらの話に相鎚をうつようになった。

「今晩、泊《と》めでけねぇすか。お願《ねげ》えします」

空いた部屋がなければ土間でも囲炉裏の隅でもどこでも構わないからと、ぼくは頭を下げた。

老人は、中へ入れと顎《あご》をしゃくると、振り向いて家人に一言、二言、なにかを指示した。ぼくは、よろめくような足どりで土間に入りこみ、誰彼となく頭を下げて礼を言い、そのままへたりこんでしまった。びしょ濡れで泥まみれの姿に驚いて、誰もが無言のまま遠巻きに見つめているようだ。

「お前《め》ぇさん、さ、こっつさ来て、温《あだ》ったほ、えー」

この家のおかみさんらしい人が、板間の中央に仕切ってある囲炉裏に榾《ほだ》をくべながら、手招きした。

ぼくは、よろよろと立ち上がり、合羽を脱ぎ、リュックサックを肩から外し、はぜる炎のそばににじり寄って両の掌をかざした。榾からくすぶり出る煙が鼻腔を刺激し、赤々と燃える炎がまぶしくて、しきりに涙がにじみ、目からこぼれ落ちた。

やがて、さっき戸口で応対に出た娘が伏し目がちに奥からやってきて、黙ったまま、折りたたんだ衣類をぼくに差し出した。

「そんなもんで、申すわげねぇけど、風邪ひかねぇうづに着替えてくだせぇ」

おかみさんが、さも済まなそうに横から口をはさんだ。

土間続きの小部屋の廊下で、ぼくは濡れた体をふき、下着を替えてから、かなり丈の短い作業ズボンに脚を通し、着古したねんねこ半纏《はんてん》をはおった。それらはやや黴臭《かびくさ》かったが、冷えきった身体に微《かす》かな温もりが感じられた。

汚れたズボンや上着、濡れた下着などを抱えて、おかみさんが外に出ていった。すすぎ洗いでもしてきたのか、ほどなく、それらをザルに入れて戻ってくると、自在鉤の上の火だなからぶら下げてくれた。ズボンやシャツならまだしも、白いパンツまで天井から垂れている様を見て、ぼくはひどく気がひけて落ち着かなくなった。

板間より一段低い土間のほうで、パチッと木の爆《は》ぜる音がした。振り向いて見ると、土間の奥に黒々とくすんだくど（かまど）があって、その焚口からチロチロと炎が洩れている。何かを煮炊きしているらしく、くどの上に掛けられた釜から白い湯気が吹き出ていた。

ぼくは立ち上がって土間に降り、隅に転がっていたビクを手に取って、皆の今夜のおかずにと、台所にいたおかみさんに手渡そうとした。せめてもの手土産のつもりであったが、どうしたことか、おかみさんはぐずぐずして受け取ろうとしない。遠慮しているのだと思い、ぼくは押しつけがましくビクの蓋を開け、流し台にイワナを打ちまけて、腹わたは取ってあるので手間もかからないのだと説いた。それでも、おかみさんは当惑した顔つきで、

「祖父《ずん》つぁん……」

と、囲炉裏の正面に坐って榾をくべていた老人を呼び、判断をあおいだ。

「そいづは、お前《め》ぇさんのだ。せっかく捕ったんだから、持っていげ」

ぶっきらぼうにそう言うと、老人は囲炉裏の煙に顔をしかめ、目をしばたいた。

ぼくは、明日家に着く頃にはイワナは腐ってしまうとか、迷惑をかけた者としてはどうしても肩身が狭いのでとか、そんな意味のことをくだくだしく喋った。ちょっとのあいだ沈黙があって、老人はしかたなさそうに、

「んだらば、ごっつそうになるべ」

と言い、客座のほうに座るようにと、ぼくを促した。指示された席について胡坐《あぐら》を組み、ふと向かい側に目をやると、背を丸めて座りこんでいた老婆が、床に額がつくほどに頭を垂れている。ぼくはあわてて胡坐を解き、正座しておじぎを返した。

さっき祖父《ずん》つぁんと呼ばれていた老人は、家長だけが座るのを許されるという横座で、ゆったりと煙草をくゆらしている。囲炉裏の火の前につくねんとうずくまる老婆は、この老人のつれあいであろうか。こまめに動くおかみさんは、この家の嫁で、あの娘の母親なのであろう。とすれば父親がいるはずだが、そのうちに現われるのだろうか。老婆の後ろには、十をいくらか過ぎた年頃の男の子と女の子が二人、たがいに耳打ちしながら、隙《すき》をみてはぼくを観察している。

やがて、娘が竹串を打ったイワナをフゴに入れて運んできた。三十尾ほどのイワナを、炉端に一本一本、ていねいに刺してゆく。ぼくの前まで来ると、娘は手を止めて軽く会釈した。束ねた長い黒髪が肩をすべって枯草のようなこうばしい匂いが鼻をかすめた。

囲炉裏の周りいっぱいにイワナの串刺しが林立した。胴の太い大イワナは、火にあぶられると身がまくれてジュージューと脂を滴《したた》らせた。その有様をしばらく眺めていた老夫婦は、居眠りでも始めたのか、目をつぶったまま身じろぎもしない。ぼくは手持ちぶたさになって、囲炉裏を回りながら串の向きを変えていった。

「お客さんに、あんなごどさせで！」

土間の一角にある台所から、おかみさんの叱りつけるような声が聞こえてきた。すぐさま娘が飛んできて囲炉裏の縁にかがみこみ、手を差しのべてイワナの串の向きを直し始めた。間近にぬすみ見た娘のうなじは、透きとおるように白く、ぼくの目に眩《まばゆ》いばかりに映った。

板間に膳が運ばれてくると、急に囲炉裏の周りがざわめいた。居眠りをしていたはずの老人も、自在鉤に吊るした鍋から味噌汁を椀に移す頃には背筋を伸ばし、さも待ち遠しげだ。

その老人が最初に箸に手をつけた。それを合図に、一斉に膳がコトコト鳴りだした。膳の上には大ぶりの飯茶碗と味噌汁の椀、それに漬物を盛った小皿が載っているだけであったが、立ち昇る湯気と味噌の香りで、ぼくの空腹感は頂点に達した。

「すみません、いただきます」

と叫ぶように言って、ぼくは飯茶碗の中味をいきなり口にかっこみ、噎《む》せて咳が止まらなくなった。味噌汁をがぶ飲みして、ようやく咳がおさまり、もう一度飯茶碗を手にとった。茶碗に盛られた飯は、よく見ると黄色がかった粒々で、その中にぱらぱらと白米らしいものが混じっていた。

「去年、米とれねぇがったもんで、アワしかねぇくて……」

おかみさんが、ぼそっと声を洩らした。

「いやいやー、俺、アワ飯好きだから」

咄嗟に嘘の言葉が口をついて出た。本当は、アワ飯を口にしたのはこれが初めてであった。

噎せたのは、このアワ飯のせいではなく、空腹のあまり飯粒をたくさん飲みこんだためだと皆に伝えたかったが、ぼくは何も言えぬまま、茶碗に残ったアワ飯をひたすら口に運んだ。

おかみさんが焼けたイワナを囲炉裏から抜いて、一番目にぼくに、それから爺さん、婆さん、子供たちへと配った。誰一人声をたてる者はなく、両手で串を握ってイワナにかぶりついた。

イワナは、噛むとほんのりとした甘さがあり、それが口一杯にじわりと広がって、春のイワナとは思えない旨さだ。方々から幾度となく手が伸び、その都度おかみさんは串を抜いて手渡す忙しさであった。

「でっけえゆあな、ごっつそうになって、すまねぇだ」

老人が目を細めて、言った。その言葉に呼応するかのように、婆さんが床へ頭を垂れた。すると、それまで婆さんの背後に身を隠していた赤いねんねこ半纏があらわになり、一瞬、ぼくと娘の視線が一つになった。娘の深く切れこんだ目が、おびえたように強張《こわば》った。

「こごらの村では、ゆあなは誰も竿で釣るごどなどしねぇ。めったにゆあな捕んねぇけど、昔《むがす》から手摑《づか》みで捕ったもんだ。こいづなんか、ガキの頃がら手摑みうめぇくて、いづでも、いっぺえ捕ってきたもんだ」

そう言って、老人は娘のほうへ顎をしゃくった。娘は、はにかんで唇を結ぶと、俯《うつむ》いたまま髪をなぶり始めた。

そういえば、この猿ケ石川流域では地元の釣り人に出会うことはほとんどなかったし、地元民がイワナをひんぱんに食するなどということも耳にしたことがない。霊山である早池峰山に詣でる季節になると、参拝者はいっさい生物《なまもの》を口にしないという。あまつさえ、聖なる御山から湧き出る清流に棲むイワナに、土地の人々は一種特別な感情を抱いているのかもしれない。

囲炉裏に新しい榾がくべられて、火が勢いよく爆《は》ぜ、燃えさかる炎の向こうで人影が小さく大きく揺れ動く。炎は向こうとこちらを結ぶ絆でもあり、それらを隔てる壁でもあった。炎に溶けこんだかに見えた赤いねんねこ半纏《はんてん》が一時《いっとき》、蜃気楼のように浮かび上がり、そして消えた。

ガタガタと食器のぶつかる音がした。おかみさんと娘が後片付けを始めた。老人夫婦や子供たちは、すでにそれぞれの部屋へ引っこんでしまったらしく、囲炉裏のある板間ががらんどうになった。勢いの衰えた炎のかわりに、自在鉤に賭けた鉄瓶から白い湯気が立ち昇っている。その湯毛を見上げていると、突然、天井に横たわる長大な梁《はり》が姿をあらわした。煤で真っ黒になった梁は、この家の守護神かと思えるほど巨《おお》きく重々しく、今にも自分を押しつぶそうとしているかのようだ。

「お客さん、もう寝だほういいべ。寝所《ねま》さ案内すっがら」

後片付けを終えたおかみさんが、先に立って土間から続く狭い廊下を行き、奥の部屋に入った。そこは、黴くさい臭いのたちこめた四畳間ほどの小部屋で、調度品は何ひとつなく、柱になにやらくすんだ御札《おふだ》が貼ってあるのが目につくだけだ。天井から吊るされた裸電球が弱々しい光を放っていて、それがかえって部屋の暗さと空ろさを際立たせている。

「掃除《そうず》もしてねぇもんで……がまんしてくだせぇ」

おかみさんが蒲団を敷きながら、自分に言い聞かせるように呟いた。そして敷き終わると障子に手を掛け、思い出したように、

「沸がす返すだども、風呂さ入《ひゃ》ってくだせぇ」

と言った。風呂は土間の戸口からちょっと離れた小屋の中にあるという。ぼくは、このまま眠りたいのでと、それを断った。体中にこびりついたままの汗をすぐにでも洗い流したかったが、わざわざぼくのために風呂の火焚きをさせるのは、おかみさんに気の毒だと思えてならなかった。

物音ひとつしない小部屋に座っていると、衣擦れの音すらいかにも大袈裟に耳に響く。出された寝間着にそっと腕を通し、電灯を消して蒲団にゆるりともぐりこんだ。蒲団にも寝間着にも、部屋と同じ臭いがしみついていた。

暗闇の中に目を見開いたまま、ぼくは今日という日の暗転の一部始終を思い起こしていた。あの源流の大淵でイワナの黒い大群を目にしたときの薄気味の悪さがよみがえり、胸にわだかまった。

くたくたに疲れているはずなのに、瞼を閉じていても、いっこうに眠りは来なかった。蒲団の中で幾度も寝返りをうち、じりじりしていると、喉が渇き、水が欲しくなった。

寝床から起きて電灯をつけ、闇の廊下を一歩一歩、足音を殺して手さぐりで進み、サンダルを履いて水がめの置いてある土間の隅へ行った。板間の囲炉裏の火はもうすっかり消されていたが、小さな電球がともされていて、土間の様子も明瞭につかむことができる。

水がめから柄杓《ひしゃく》で水を掬って喉をうるおし、あけっぱなしの引き戸から外を眺めた。青味がかった暗闇の彼方に、山際のシルエットがたおやかな曲線を描いている。星は見えないが、天気はかなり回復してきたようだ。

ついでに手足だけでも濯《すす》いでいこうと思い立って、土間の戸をそっと開け、外の風呂場へ向かった。母屋から五、六間《けん》離れたところに、萱ぶきの風呂小屋が見えた。焚口にまだ残り火があるらしく、煙突から煙が薄く斜めにたなびいていた。

その小屋の前まで来たとき、いきなりガラッと戸が開き、白いものが現われた。「ひゃっ」と小さな声を発して、娘が立ちすくんだ。白い裸身が青い闇の中に浮かび上がり、一瞬、ぼくは声を失って棒立ちになった。娘は小脇に抱えていた衣類を前へめぐらして、跳ぶように闇を駆けぬけていった。

胸の響きが小さくなるまで、ぼくは茫然とその場に佇んでいた。それから、うしろめたさに苛《さいな》まれつつ忍び足で奥の部屋へ滑りこみ、蒲団の上に仰向けになって目を閉じた。驚いて目を瞠《みは》った娘の表情や白い胸のふくらみが、残像のように瞼に貼りつき、いつまでも離れなかった。

電灯を消し蒲団をかぶっても、寝つかれなかった。うとうとと浅い眠りが断続的におとずれ、何度か寝返りをうち、そうして深い眠りに落ちたのは、おそらく明け方近くであった。

そのうち、音もなく障子が開き、誰かが顔をのぞかせて、こちらをじっと窺っている気配が、朦朧とした意識の中で感じられた。幽《かす》かに枯草の匂いをかいだようにも覚えたが、身体は鉛のように重く、動けなかった。ついには、それが現実であるのか夢であるのかすら判然としないまま、再び深い眠りについてしまった。

ふと、目がさめた。小窓から鈍い日の光が差している。腕時計を見ると十時を過ぎていて、驚いてはね起きた。

枕元に、ぼくの下着やズボン、上着などがきちんと畳まれて置いてある。シャツに腕を通すと、燻《いぶ》した囲炉裏の匂いが染みこんでいて、昨夜の場景《じょうけい》がなまめかしく思いだされた。

廊下を通って土間に降り、家の人たちを呼んでみたが、返事はなかった。外に出て見回してみても、曲がり屋はひっそりと静まり返り、どこにも人影は見出せなかった。

板間の囲炉裏の前、夕べぼくが坐った客座に、お膳がすえられ、その上に紫色の風呂敷が掛けてあった。風呂敷をとると、アワ飯を盛った茶碗と味噌汁の椀、それに焼き枯らしたイワナ二匹をのせた皿があった。どれも昨日の残りものである。ぼくは箸を手に、それらをゆっくりと噛みしめた。

食べ終わってから、土間の隅の水がめのあるところへ膳を運んだ。水がめの脇にあの娘の赤いねんねこ半纏が二つ折りにして置いてあった。すべてがくすんだ土間の中にあって、その炎のような赤が、ひときわ鮮やかに映え、瞼に焼きついた。

一家総出で田畑にでも出たのだろうか——。しばらくの間、ぼくは板間の端に坐って、開けっぱなしの土間の戸口をじっと見つめていた。ゆっくりと、霧が出てきた。

戸口から見える淡い緑の木立がミルク色にかすみ、遅い春の訪れを思わせた。

靴を履き、乾いた合羽とビクをリュックサックにしまって、それを背負い、急いで外へ出た。今から本道へ出れば、昼頃のバスに間に合うはずだ。

人気のない曲がり屋の門口に向かって頭を下げ、庭を抜けて丸太の木橋を渡り、だらだらとした細い坂道を登っていった。道はやがて傾斜のきつい踏み分け道に変わり、とたんに呼吸が荒くなった。

パタン、と背中で何かが跳ねる音がした。なんだろうと訝《いぶか》しんでいると、しばらくしてまたパタンと音がした。

もしやと思って、ぼくはリュックを下ろし、ビクを取り出して蓋を開けた。

「あっ――」

やっぱり、イワナだ。水から上がって間もない型ぞろいのイワナが数尾、ビクの中でぬめぬめと青光りを発していた。

はっとして振り返り、曲がり屋のほうを見下ろした。

地底を這うように川下から霧が押し寄せ、うねり、脹れあがり、山峡一帯を覆い始めていた。曲がり屋は白い闇の底に沈んで、もう、それがどこにあったのかさえ分からなくなっていた。

マムシ

息せき切って病院の玄関に駆け込んだ成山孝一《なるやまこういち》は、受付の窓口でゼェゼェ荒い息を吐き、応対に出た看護婦に向かってひと言、ふた言いった。

「マムシ、マムシ……」

それきり彼の顔は苦しげに歪《ゆが》み、そのまま床にぶっ倒れてしまったという。

マムシに噛まれた成山が自力で渓《たに》から這い上がり車を運転し、病院にたどり着いたいきさつを彼の奥さんがあわただしく電話してきたのは、梅雨《つゆ》時の六月も終わりごろの夜中であった。一時成山は気を失って大騒ぎになったが、命に別状はないということでひとまず胸をなで下ろす。話は早朝そちらへ行ってからと、病院の場所を聞き出した。そこは奥羽の山々が連なる、和賀の湯川から秋田県側に入りこんだ山あいの村であった。

しかし、その村の周辺には釣り人が竿を出せる川などなかったはずだが……。

翌日。北上《きたかみ》から湯田《ゆだ》町にさしかかるとしらじらと夜が明けてきた。病院があるという村の細い道に入りこんだが、それらしい建物が見つからない。手っとり早く村人に尋ねたほうが得策と駄菓子屋の前で車を停め、店の奥へ声をかけた。

「おはようございます」と二度、三度大声を上げたら、はーいという返事でおかみさんが顔を出した。この村には病院はないが診療所ならここから二つ目の角を左に曲がるとすぐにわかると教えてくれる。

「昨日、マムスにくわれた、お客さんのとこかい」

おかみさんが笑いながら聞くので、そうだその友達を見舞に行くところだと答えた。ぼくは缶ジュースを五本買って診療所へ向かった。

診療所は見つかったが、看板の文字はほとんど消えかかっていた。玄関の戸を開けると人の気配はなく、電気も点《つ》いてない廊下は薄暗く病室がどこにあるのかもわからない。きょろきょろしていたら、奥の廊下の突き当たりから成山の奥さんの白い顔が覗いた。廊下の突き当たりに小さな部屋があり、ベッドに成山が横たわり目を閉じていた。部屋の隅に彼のお父さんと釣り仲間の菅原さんが腰を下ろしていた。左手の小指をマムシに噛まれた成山は腕の付け根を手拭いで固くしばり、車を走らせてこの村まで来て、村人に教えられ必死の思いで飛びこんだのがこの診療所であった。

数年前、山菜を採っていた村人がやはりマムシに噛まれて大騒ぎになったことがあった。そのとき診療所にはマムシの血清がなく、町の大きな病院まで村人を運び、危機一髪で大事に至らなかった。それ以来、村の診療所にマムシの血清を置くことになったという。成山はついていた。ぶっ倒れたのは体力を消耗しての貧血からくるものだったらしい。

ぼくらの話し声に成山が目を覚まし、照れ笑いで右手をちょっと上げベッドの上に起き上がった。包帯で巻かれた左手は、腫《は》れ上がっているらしく重そうに右手で支えている。成山はぼそぼそと当時の状況を話し出した。川は、湯川から山道が続く西側の渓《たに》で、流れは途中で途切れ上へ行くにしたがい、また流れがあらわれる伏流水になっている。だいたいの川の位置はつかめたが、どうもいまひとつ成山の説明は要領を得ない。いつもの彼でないしゃべりかたで、歯切れが悪いのだ。

谷あいに降りてすぐに岩場が連なり、そんな場所を何度か越えているうちに上り切った岩の上にマムシがいて不用意に掌《てのひら》をついた瞬間に噛まれたという。詳しい場所はどこかとなると、成山は言葉を濁してしゃべりたがらない様子だ。なにか大事なことを隠している気がしてならなかった。

医者の話では、腕の腫れは一か月もすればひくのでその後は力仕事以外なら問題はないという。今日中にでも地元の病院に移動したいと、彼の奥さんが頭を下げた。それから一度、地元の病院に移った成山を見舞った。回復は順調で夏の終わりには釣りに出られると喜んでいた。

梅雨が長く寒い夏もあっけなく終わり、秋の気配も濃い九月の終わりを迎えていた。そんなある日、成山から電話が入った。あれから三か月ぶりの声で、ちょっと会ってコーヒーでも飲みたいという。それならと、ぼくの行きつけの一関《いちのせき》のコーヒー店「チャフ」を指定した。

マムシに噛まれた腕は、すっかり元どおりになり、後遺症もないという。だが成山はどことなく浮かない顔をしている。隅のテーブルに座ると、少し声をひそめて成山は言いにくそうに言葉を切り出した。マムシに噛まれたあの川のことだった。どう順序立てて話そうか思いあぐねているようで、たまに言葉が途切れた。

成山が詳しく話した渓は、下流域にはちらほら釣り人が姿を見せるが上流域にはめったに入りこまない場所だと聞いていた。谷筋は険しく降り口がないので釣り人は敬遠し、おまけにその流域の一帯はマムシが多く棲《す》み、地元の山菜採りも怖がってめったに近づかない場所であった。

成山はどこか山菜採りの穴場はないかと地図を見ているうちに、偶然この谷沿いについている林道を見つけた。車一台やっと通れるほどの険しい山道だ。谷の奥に粗末な平屋の家が建ち、狭い庭だが、車二台ほど止められる空間があった。人の気配がなかったので無断で車を置いて家の裏をのぞくと、人が降りた跡がずっと谷底まで続き難なく川まで行けそうであった。山菜よりも竿を振りたい気持ちがふいに起きた。

釣り仕度をし山際のきつい踏み分け道をたどった。谷底は、うっすらと暗かった。流れは初め細かったが、上がるにつれ太い流れに変わった。イワナが出た。それも三十センチクラスがたて続けに竿をしならせリールを鳴らした。もう、興奮のるつぼであった。それから憑《つ》かれたように一人で渓へ通う羽目になった。

ある日平屋の家から渓へ降りる道が使えなくなった。庭の入り口に杭が打たれ、バラ線を張られ車を止められなくなったのだ。その家の住人に初めて顔を合わせたのは三度目の釣行の日であった。成山は、持参した一升瓶を手土産に何とか車を置かせてもらえるように頼みこむつもりだった。ところが挨拶も何も、酒などいらねぇ、いつも車を止めるのはお前かとばかりその家のおじいさんは怒りまくった。頑固で取りつく島もない。ほうほうの体《てい》で逃げ出したという。

こんなことでこの渓を諦《あきら》めるわけにはいかない。成山はしかたなく切り立った下流の岩場から谷底へ降りることにした。マムシに噛まれた事故は、そんなときに起きたという。

話はまだ続いた。成山はさらに声をひそめた。傷が癒えると成山はあの渓へ行きたくていても立ってもいられなく、妻に近くの川へ行くと嘘をついて家を飛び出したのは九月の頭であったという。およそ二か月ぶりの渓であったが、下流に何やら看板が立てられ工事の標識が林道沿いに並び騒々しい。駄菓子屋でジュースを買ったついでに聞くと、渓の上流にダムの話が以前からあってその基礎調査らしいということであった。

病み上がりもあってか思いが慎重になり、谷底へ降りるのにずいぶん手間どった。ゆっくり足を運びながらつい目は岩陰や岩場の上に注がれた。やはりマムシが怖かった。

いつもイワナが出る箇所から竿を振り始めた。一つ、二つ、イワナが毛バリをくわえた。釣り始めたのが昼過ぎだったので少しずつ谷間は日が陰ってくる。もうこのあたりで今日は引き返そうと思ったそのとき、前方の岩場にちらりと人影が目についた。めったに釣り人に出くわすことはないのだがと訝《いぶか》りながら後をついていったという。岩の上にその男が姿をあらわした。あっと、思わず声が出た。林道沿いにある平屋の家のあの頑固おじいさんだ。丸刈りの銀髪に見覚えがあった。それにしてもいったい何をしているのだろう。釣り竿は持たず右手に南京袋に似た茶色の布袋を提げていた。岩場を急ぎ足で渡って行く。猿のような身の軽さだ。と、おじいさんは立ち止まると岩の陰で持っていた南京袋のひもをほどいて口を開けた。

成山はそこで、コーヒーを一口すすって、言葉を継いだ。

袋の口からスルッスルッと、何かが這い出てきた。成山は冷水を浴びせられたように身体が凍りついたという。夕暮れの日の光にぬめぬめと光るものは、まぎれもなくマムシであった。それらは一瞬のうちに岩陰に消えていった。

お前、何をバカなことを、それは何かの見間違いだろうと、出かかった言葉をぼくは思わず呑みこんだ。

青ざめ、視線が宙をぼんやり泳ぐうつろな成山の顔が目の前にあった。

下嵐江の山人

石淵ダムを見下ろす猿岩の隧道を潜り抜けると、芽吹いた萌黄《もえぎ》の中にくっきりと眉を引いたような残雪の焼石連峰が、まばゆいばかりだ。

あれほど、満々と雪解けの水をたたえていたダムも、米どころの胆沢《いさわ》平野に水が引かれてたちまち底をつき、空っぽになっている。

ぼくは前川の橋のたもとで仲間と別れ、カメラを首に吊るして川沿いに下りながら、ダムへの流れ口に向かって歩いていった。

土手の斜面にニリンソウの群落が白い小さな明かりをつけ、ヤブを飛交うミソサザイのさえずりが忙《せわ》しく届いてくる。

汗ばむ陽気で、川面に照り返す日差しがはじけてキラキラと眩しく、目を開けていられないほどだ。浅瀬を渡ると、足首にまとわりつく冷ややかな水がかえって爽やかで心地いい。

川端の雑木林が切れたところで、流れは緩やかに弧を画き、下の方に広く開けた川原と砂礫の平瀬が見渡され、そこから、ガシッ、ガシッと耳障りな音が響いてきた。

流れの中ほどで、水しぶきを浴びながら熊手を振り、小砂利を掬《すく》っては篩《ふるい》にかけ、しきりに川底をならしている人影があった。小石の垢を洗い落とし、平らに敷き詰めて、ウグイが産卵しやすい場所をこしらえているのだ。

地元では、これをヒャッコ（ハヤ）の瀬作りという。ハヤ瀬は漁業組合の許可がなければ作れないし、瀬の面積や漁期の日数に至るまで細かく規制されている。こんな山奥での瀬作りは明らかに密漁なのだ。

川原には投網があり、ウグイを入れる背負いカゴ、それに、イワナでも突くのだろうか、柄が竹で作られた長いヤスまできちんと並べ置かれてある。

ぼくが近寄っても気付かないふうで、腰をかがめ這いつくばるようにして石を起こしている。わざと足音荒く水しぶきを立てて目前を横切ると、ようやくこちらの気配に気がついて、上目遣いにぎょろりと一瞥した。

ずんぐりと小柄だが、がっちりした体軀で、老人というのははばかられそうだが、ごま塩頭の真黒に日焼けした顔の、額と頰のしわは深く、節くれだった手が年齢を感じさせる。

「こんな何処《どこ》でよ、ヒャッコ瀬、作《つ》ってだら、怒《おご》られるべ」

ぼくは少し声を張り上げた。老人は耳が遠いのか恍《とぼ》けているのか、知らぬ振りをきめこみ、こちらに振り向こうともしない。

そのうち、瀬作りが終わったらしく、道具を小脇に抱えてさっさと岸に上がり、川原に腰を下ろして焼酎のコップを旨そうに飲み干した。

ぼくは、少し肩をいからす振りをして、老人の前に立った。

「じいさんよ、許可ねぇば、密漁だべ。返事ぐれぇしてけろや」

老人はグイッとぼくを見上げると、やおら立ち上がって仁王立ちになり、

「昔《むがす》から、下嵐江《おろしえ》のヒャッコ瀬は俺のものだ！」

怒鳴りつけるように叫んで両手の拳を握りしめ、目を剥いてぼくを睨んだ。唇がぶるぶる震え、今にも摑《つか》み掛からんばかりの形相である。

そのすさまじい剣幕に、ぼくは思わず怯《ひる》んで息を呑んだ。

しばらくして老人はやっと腰を下ろし、そこから少し距離をおいてぼくも川原に座りこんだ。まだ怒っているのか、老人はちらっとこちらを盗み見して顔をしかめた。

「じいさん、下嵐江の生まれすか」

「…………」

老人はぶすっと黙りこんだままで、口を開こうとはしなかった。

かつて、胆沢川上流域の、胆沢川と支流・前川に挟まれた地に下嵐江の集落があり、

外部とは吊橋で往来《いきき》していたという。先祖は落武者で、辰砂《しんしゃ》（硫化水銀）や砂金を採り、川漁で生計を立てていたという謎に満ちた話も伝わっている。流域には、黄金にまつわる地名や沢の名が見られ、下嵐江の地は平泉の黄金文化に重要な係り合いを持っていたのではないかと推測するむきもある。

現在も、猿岩の岩山の頂上には於呂閉志《おろへし》神社が祀られ、胆沢地方で田植えが始まる時節、農家の人たちはこの猿岩の神社に豊作を祈願し、ツバキの枝を折って水田の水口《みなくち》に差す。この習俗に欠かせぬツバキとは、猿岩周辺に自生する県指定の天然記念物のユキツバキのことで、五月末から六月初めにかけて野山のあちこちで小さな赤い花をつける。

於呂閉志《おろへし》は下嵐江《おろしえ》と同義で、下風江《おろせ》ということも多く、「神」の住む神聖な場所を意味しているそうだ。於呂閉志神社は、古く延喜式にその名が記載されている。

老人がこの下嵐江の出であれば、子供の頃から山で山菜を採ったり、川ではカジカ、ウグイ、ヤマメ、イワナをつかまえたりして、生活の足しにしていたに違いない。年に一度のハヤ瀬は、集落の人々が暮らしてゆく糧《かて》であり、自然が与えてくれた当然の既得権とも言える。ぼくの余計な出しゃばりで老人を怒らしたことを、今は少なからず悔む気持ちはあるが、老人の主張にそのまま首肯《しゅこう》はできなかった。

ぼくは何とか話の糸口をつかみたかった。口を開けば今度は石でも飛んできそうだが、思い切って、おそるおそる老人の側までにじり寄った。

「ちょっとよ、よげいなごと言った気もすっけど、んでもよ、やっぱぁ、ヒャッコ瀬はうまぐねぇべなぁ」

胆沢川上流は岩手県でも有数の美渓であるが、毒もみや刺網による密漁が後をたたず、何度も腸《はらわた》の煮え返ることがあったということも、老人の表情をうかがいながら、ぼくはできるだけ柔らかな口振りで話した。

老人は、まだ警戒心を解いてはいないようだ。だが、ハヤ瀬のことを咎《とが》められたのがよほど癪《しゃく》にさわったのか、そのことからぼそぼそと話し始めた。老人の話をつなぎ合わせてみると、こうであった。

昔、下嵐江に住居があった祖父の時代から、この周辺の瀬は家の持ち場で、集落の誰もが認めていたことであり、それを今、自分が受け継いでいるだけだ。イワナ、ヤマメも釣るが、下嵐江に育った者は誰一人、毒もみなどには絶対に手を出さない。

「お前《め》ぇだちみでぇのが、渓《たに》さ、わんさど来っからよ、イワナっこ、いねぇぐなって、川は荒れてしまったんだや」

老人は吐き捨てるようにそう言うと、じろりと恐い目をした。

「町ではよ、又《まだ》、ダム造るって騒いでっけど、そしたら、何もかも終わりだべ」

後は老人の独り言になった。今あるダムの下流に、さらに大規模なダムが近々、着工され、それが完成すれば周辺の村落や石淵温泉、ユキツバキのある猿岩まですっぽり水没してしまうのだ。

背後の瀬がザワザワと鳴った。水面が揺れ、盛り上がり、けたたましくしぶきが散った。下手から黒々とした背を見せてウグイの群れが背を目指し、押し合い圧《へ》し合いしながら上ってきた。魚影が水面から躍り上がるたびに、体側に刷《ひ》かれた婚姻色の朱の帯が、なまめかしくくねった。

老人は投網を握ると、岸辺に立って鋭い視線を川面へ投げた。ぼくは口を噤《つぐ》んだまま静かに踵《きびす》を返した。


それから二月《ふた》ほど過ぎた、ある晴れた日、ぼくは一人で前川の支流・大沢に入りこんでいた。夜明けとともに釣り始め、もう昼近いというのに、イワナの型はまだ見られず、エサ釣りからテンカラに替えても魚信《あたり》はなかった。流れや淵に目を凝らしてみても、イワナの影すら見出せないのだ。

去年もそうだった。毒もみの噂が本当だったのか、さもなければ神隠しにでも遭ったとしか思いようがないほど、イワナは見事に消えていた。ぼくは、ただ無闇に、あるいはイワナの不在を確かめるために遡行しているだけであった。

細い廊下の直立した岩壁をへずって行くと、灌木の斜面に両岸を挟まれた、なだらかに開けた場所へ抜け出た。周辺のブナ林から湧き出た清水が、左岸にさらさらと流れこんでいる。そこでミズ（ウワバミソウ）かワサビでも採っていこうと思い立ち、ぼくは清水を伝って林の中に入っていった。

灌木の斜面を一気に登り、ふと顔を上げたとたん、ギョッとしてその場に立ちすくんだ。前方の僅かな平地《ひらち》に、何かがうずくまり蠢《うごめ》いている。その影は熊ではなく、人間のものであることはすぐに分かった。

ぼくは、胸をなでおろしながらも、こんなところで何をしているのかと訝《いぶか》しみ、ヤブを掻い潜って近づいていった。男は、平地の湧水の溜まりに座りこみ、イワナの腹を裂いている最中であった。そばの、一抱えほどの岩の上に、二十七、八センチのイワナが十数匹並んでいる。そして足元にはアケビのツルで編んだ、コダシと呼ばれる山菜入れがあり、ミズやワサビと一緒に釣り竿が一本、入れてある。

小枝が踏みしだかれる音に、ギクッとして振り向いた顔は、あのハヤ瀬作りをしていた下嵐江の老人のそれであった。老人もぼくのことをすぐに思い出したらしい、一瞬、渋面を作って困惑をあらわにした。

「あんどきは……どうも……」

つい口を衝いて出た言葉に、どこか間の抜けたぎこちなさを感じて、自ら苦笑いをしてしまったが、老人は何も答えず、手早くイワナを熊笹で包み、コダシにしまいだした。そのあわただしい動作は尋常ではなかった。

何をうろたえているのか——。老人の不審な素振りを見ているうち、ぼくの脳裡に一つの疑いが生じた。この釣りづらい夏場、魚影の乏しいこの沢で、いったいどうやって、あんな大型のイワナを二十四近くも揃えられるのか、しかも老人が？　何かを隠そうとしているに違いない。

「じいさん、ちょっとよ……」

ぼくの声が聞こえるが早いか、老人は残ったイワナをそのままコダシに放りこみ、それを背負うと、あっという間に渓へ降り始めた。つられて、ぼくも後を追うように斜面を下った。

とても老人とは思えない、獣に似た敏捷さで岩を越え、渓を渡る。まるで駆けるような速さだ。ちょっとでもスピードを落とすと、たちまち引き離されてしまい、距離を縮めるのに息が切れる。どうやら、ぼくを振り払おうとしているのか、時折、後ろを振り向く。ぼくとの距離を測っているのだろう。

彼の速度は一向に衰えず、低い滝の岩場でぼくはとうとうその姿を見失ってしまった。追いかけるのを諦め、岩場の陰でしたたる汗を拭いながら荒い息を鎮めていた。するとひょっこりと岩の上に老人の顔が現われた。そのまま、岩壁を伝いスルスルと降りてきた。

「なぬもよ、逃げるごどは、ねぇんだな」

ぶつくさと呟くように言うと、いかにもばつが悪そうに何度か目をしばたたいた。

「俺だってよ、なぬも追っかげだぐは、ねぇんだ」

どうにも向かっ腹が立ったが、ぼくはザックから缶ジュースを取り出し、フタを開けて、隣に座りこんだ老人に無理矢理、一本を押しつけた。

「じいさん、そのイワナよ、どごで捕ったのや」

彼は困りきったという顔付きで、足元を見つめたまま押し黙っている。

「そんだらよ、教えられねぇどごが……」

「ここではねぇ、うんでも、いっておぐげどよ、毒もみでねぇがらな」

強い口調でそう言うと、老人はジュースに口をつけた。コダシに詰めたイワナを毒もみなどの密漁で捕ったものだと誤解されるのが嫌で、ここに戻ってきたのだろう。

「なんにも、毒もみだと思ってねぇよ」

老人の顔に、急に安堵の色が浮かんだ。もしかすると、彼の釣り場はこの沢ではなく、誰にも知られていない源流の隠し沢で、それを知られたくなくて逃げたのかもしれない。

老人が言うには、ここ数年、前川のどの沢にもイワナは棲みついていないが、それは本流イワナが枝沢に少しも入りこまないからである。下嵐江の大イワナは、よく大雨の年に荒食いをしながら、腹に小石を飲みこんで大挙して沢を遡《のぼ》るのだが、そんな光景はここ何年も見たことがないという。

「何言《なぬゆ》ってもよ、今だら、めちゃくちゃにブナの山、伐《き》るべ。そいづが一番悪いべや」

そう嘆いて、彼はしばらく黙った。それから、ジュースの礼だと言ってミズとワサビの束をぼくに手渡し、

「俺は、馬留《うまどめ》の蜂谷三次郎だ」

と名乗るやいなや、飛ぶようにして渓を下って行ってしまった。

その年の夏も盛りを過ぎた頃、前沢の薬剤関係の会社に勤める、源流好きの菅原浩

君が、ひょっこり家に遊びにきた。何か土産話をもってきたらしく、ニヤニヤと思わせぶりな笑みをたたえるばかりで、なかなか口を開こうとしない。それでも、やはり話したくてしょうがないのだ、実はすごい情報があると前置きして舌舐めずりせんばかりの口吻《こうふん》で切り出した。

それは、一か月ほど前のことであった。菅原君は仕事の帰りに、初めて寄った一杯酒場で妙なじいさんに出くわした。いきなり店に入ってきたそのじいさんは、抱えてきたコダシから熊笹にくるんだイワナを取り出し、黙ったまま酒場の旦那に渡した。旦那が数えたイワナの数は二十四。二十七、八センチのぞっくり型の揃った見事な奴で、ヒレが大きく、白く縁どられた、まさしく源流育ちのイワナであった。胸が騒いだ菅原君は、その場で、どこで釣ったものかと尋ねたが、じいさんは固く口を噤《つぐ》んだままで、取りつく島もない。同じ釣り人のよしみで、と菅原君はさらに食い下がった。それでもじいさんは、にべもない態度で、旦那から貰ったなにがしかの代金をズボンのポケットにねじこみ、注《つ》がれた盛切《もっきり》一杯の冷酒をグイと呷《あお》ると、そのまま外へ出ていってしまった。

酒場の旦那も、じいさんが行く釣り場は知らないというが、五月頃から八月にかけて、月に三、四回はイワナを持って売りにくるそうだ。イワナの型《なり》はいいし旨いので評判がよく、知人から頼まれたり店で焼いて出したりもする。じいさんはいつも無口で、何を聞いても、あまり話したがらない。旦那がこれまで何とか聞き出したことは僅かに、じいさんの住居が胆沢町の石淵ダムの下流にあって、イワナの捕れる季節には、この店の他、水沢の二、三軒の小料理屋、酒場を廻って小遣い稼ぎをしているということだけだ。

その後、菅原君はじいさんの周辺をあちこち探り、ようやく、胆沢町の馬留に独居の身であること、そして釣り場は前川の源流域らしいことを突き止めたという。そのうち必ず、じいさんの秘密の釣り場を捜し当ててみせる、と菅原君は目を光らせて言い切った。

そのイワナを売り歩くじいさんが例の老人と同一人物であることは、話の途中で分かった。しかしぼくは、老人の名や二度も会っている事実を彼に告げる気にはなれなかった。

それからしばらく、菅原君は顔を見せなかったが、釣り仲間から、彼が前川流域にしきりに出没し、単独でのビバークも何度かしているという動向を知らされていた。やはり、蜂谷老人を密かに付け廻しているようだ。

九月の中旬、職場の同僚で菅原君と同じアパートに住む山崎から電話が掛かってきた。もう真夜中の十二時を過ぎていた。

夕方にはたらふくイワナを食わせると約束して釣りに出掛けた菅原君が、まだ戻らないというのだ。山崎は菅原君と一緒に釣行することが多いのだが、今日はあいにく休みが取れず、菅原君は一人で出掛けていった。きっと一匹も釣れなくて合わせる顔がないので、そこらの飲み屋で憂さ晴らしでもしているのだろうと、気にも留めていなかったけれど、こんなに遅い時刻まで連絡もしてこないのはどうも腑に落ちない。心配になって、菅原君の行きつけの酒場や釣り仲間に電話したが、彼が立ち寄った形跡はない。それに気になるのは、二、三日前から菅原君は今まで行ったことのない穴場を見つけたと興奮気味に語っていたことで、場所を尋ねたら、胆沢川支流・前川の源流域で、そこは文字通り〝イワナの宝庫〟だと断言した、というのだ。

行き先は前川源流、それもあの老人に出くわしたことのある支流の大沢に違いない。何が起きたのだろう。ともかく現場へ行ってみなければ判断はできない。ぼくはただちに仲間の山ちゃんと吉田さんを電話で叩き起こし、これまでの蜂谷老人と菅原君の経緯と事情を説明した。ザックにザイルやヘッドランプなどを詰めこんで、四人は二台の車に分乗し、一路前川へ向かった。

前日昼過ぎからの雨はさらに激しさを加え、前川橋から山あいの道へ入ると、横なぐりにフロントガラスを乱打した。前方の視界がきかなくなって、しばし立往生を余儀なくされたりしたが、どうにか大沢の林道を経て荒れた林道へ進み、車止めまで到達した。

ヘッドライトの光の輪の中に、見覚えのある菅原君の車が浮かび上がった。彼はやはり、ここから大沢を遡行して蜂谷老人の秘密の釣り場へ向かったのだ。そして何か、不測の事態が生じたことは間違いない。

この雨では、大沢は谷通しでは遡れまい。増水で渡渉点が見出せなくなっている。山を巻いて源流域の渓へ分け入るしかルートはないが、視界の悪い雨天では方向すら覚束ない。四人で話し合った結果、この場は前川の地理に精通している確かな案内人、すなわち蜂谷老人に救援を仰ぐしかないと一決した。

ぼくは山ちゃんとともに、夜明け前の林道を石淵ダムへ向かって下った。下流の馬留の家々はまだ寝静まっていて、暗がりの中でトタン屋根を打つ雨音だけが露地に響いていた。

懐中電灯を手に家々の周りをうろうろしているうち、一軒の平屋の軒下にアケビのツルで編んだコダシが下がっているのに気付いた。入り口に掲げてある表札の、消えかけた文字が蜂谷三次郎と読める。

二人は幾度かその名を呼び、ガラス戸を叩いた。内で電灯がつき、寝巻き姿の蜂谷老人が戸を開けて、不機嫌そうな顔を覗かせた。ぼくは未明に訪れた非礼を詫び、友達が大沢の源流に釣りに行って帰らない事情を手短に述べた。老人は眠たげな目つきで、こっちへ入れと顎をしゃくった。

菅原君が老人と初めて出会った酒場での一件から、この頃は前川の源流域で網を張るようにして老人を付け廻し、秘密の釣り場を嗅ぎ付けたらしいことまで、ぼくは一部始終を話した。そして源流域までの案内をなんとか願えないかと、二人揃って頭を下げた。

蜂谷老人は一寸の間、目を閉じていたが、やがて小さな溜め息を一つもらし、無言のまま立ち上がると、裏手の部屋に入り、雨具を携えて出てきた。


林道の車止めで待機していた吉田さんと山崎は、老人の姿を認めるとさすがにほっとした表情を見せた。互いの紹介もそこそこにして、五人は蜂谷老人を先頭に、篠突く雨の林の中へ分け入った。

ふだんは水の枯れている細沢を、たっぷりとした流れが迸《ほとば》しっている。そんな小沢を二度越え、杣道《そまみち》を谷沿いに上ってゆく。しばらくして杣道は切れ、灌木と熊笹の密生する山の斜面に取り付く。枯葉を敷きつめたヤブ地の急斜面は滑りやすく、何度もつんのめっては転倒し、誰もが泥まみれになって上ってゆく。

時々、老人が歩みを停め、鉈《なた》を振りヤブを切り裂く。薄闇に雨をはじく白い光が閃くと、音もなく灌木の枝が落ち、熊笹が払われる。

ようやく這い上がった山の峰から崖際の斜面を降りてゆくと、屹立した断崖の岩場にさしかかった。木立の下の遙か谷底に、白々と泡立つ流れが仄見える。崖の端には人一人が辛うじて通れるほど狭い、崩れかけた踏み分け道が、山を巻くようにして延びている。

緊張で青白く強張《こわば》った顔ばかりで、誰一人として口を開く者はいない。蜂谷老人がぼくらを促すように振り向き、崖道へ足を踏み出す。足場をよく確かめ、踏み固めても、雨で濡れた岩肌はズルッと滑る。滑落すれば谷底の蛇のようにくねる白い流れに呑まれてしまうだろう。脚がすくんで動けなくなる。大きく息を吸いこみ、一歩、また一歩と爪先を前へ移してゆく。ガラッ、ガラッっと岩が崩れ落ちる。「ヒェッ」と誰からともなく小さな悲鳴が洩れる。

崖際の難所を越えると、どっと疲れが出てきた。全員立ったまま握り飯を口に押しこんだ。雨はいくぶん小降りとなり、辺りもうっすらと白んできて足元が次第に明るくなってきた。時計の針は既に七時を指している。

動きを止めていると、足元から寒さが迫《せ》り上がってきて歯がガチガチと鳴る。だが、こうしている間も菅原君の安否が気遣われ、心が急《せ》く。

再び上りの斜面に取り付き、がむしゃらにヤブをこいでゆく。もう、どこをどう歩いているのか皆目、見当がつかない。老人の後をついていくだけで精一杯であり、その案内だけが頼みの綱だ。

小さな山の台地から崖際を下ってゆくと、急にブナ林が切れ、谷底から轟くような水音が響いてきた。七、八メートルほどの滝口から落下する奔流はすさまじい勢いで滝壺に炸裂し、地鳴りのような震えを発している。これが大沢の魚止めの滝であろうか。

誰もが滝を見下ろしたまま、その場に釘付けになった。戦慄と不安が胸をよぎる。

「急ぐべぇ！」

山ちゃんの叫ぶような一声で、皆が揃って動きだした。

傾斜の緩いブナ林に分け入り、夏場は恐らく水が枯れガレ場になっていると思われる小沢に達したとき、蜂谷老人はここから渓へ下降すると合図した。山ちゃんが二十五メートル・ザイルをザックから取り出し、ブナの根元に括り付けてから沢沿いに崖下へ垂らした。

ザイルを伝って全員無事に谷底へ降り立つと、黒々とした岩壁が両岸から眼前に迫り、廊下状の岩場が長く上流に延びている。流れはまるで樋《とい》を走るような勢いで、本当に菅原君はこんな魚の棲めそうもない厳しい渓に入りこんだのだろうかという疑念が湧いてくる。

蜂谷老人はスタスタと右岸の岩場を歩きだした。岩場は意外に取り付きやすい石だたみ状で、途中、足掛かりは跡切れるが、流れの底にどうにか足場を確保できる。そうやってしばらく遡り、五、六メートルの二段の滝を越すと、上流は下流とは打って変わって、大岩の横たわる荒々しい渓相を展開し、流れは岩を噛んで砕け散る猛々しさだ。

何度も水流に足をとられて、頭から水をかぶる。それでも流れを渡り、岩壁をへずって、さらに上流へ急ぐ。

やがて、渓は緩く右へ曲がり、前方に見上げるような屹立した岩壁があらわれると、六、七メートルの滝にぶつかった。落ち口は畳十枚ほどの広さで、かなり深そうだ。澱《よど》んだ流れが、そこでゆっくりと不気味に渦を巻いている。

対岸は、淵尻にゴロゴロと大岩が横たわっていて、何とか足掛かりが摑《つか》めそうな、迫《せ》り出した岩場も見えるが、傾斜はきつく、脆く崩れやすいガレ場も抱えている。しばし辺りを窺っていた蜂谷老人は、少し下ったこちら側、左岸の岩場に僅かばかりの熊笹が崖際の草付きまで生えている箇所を指差した。そこから高巻くつもりなのだ。

そのとき、突然、山ちゃんが対岸の岩場を指差して大声で何か叫んだ。一段高くなった岩によじ登り対岸を眺めると、迫り出した岩場の窪みに青色の雨具らしきものの端が見える。誰かがそこに蹲《うずくま》っている様子だ。

「浩《ひろし》だ！」

山崎が今にも泣きだしそうな顔で叫ぶ。皆が声を張り上げ、菅原君の名を呼ぶ。滝の轟音に声が掻き消されてしまうのか、その青いものは少しも動く気配がない。業を煮やした山崎が、腰にザイルを巻き付け、下手《しも》のトロ瀬から流れに飛びこんだ。川岸でザイルを握り締める皆の手が、たちまち下流へ引っ張られる。四回、五回と急流に流された後、山崎はやっと対岸の岩に取り付き、迫り出した岩場の窪みをめざして這い上がっていく。固唾を呑んで見守る中、山崎の両腕が大きく丸を画いた。ぼくらは思わず「オー」と声を上げ、互いの顔を見合わせた。

山崎の肩にもたれた菅原君が、岩場の上に姿を現わした。血の気の失せた顔だが、大丈夫だと知らせたいのか、しきりに手を振っている。

ザイルでこちら岸へ引き上げられた菅原君は、いつもの元気はどこへやら、蚊の鳴くような声で皆に謝った。彼の話によれば、昨日の昼前、右岸の岩場を高巻く途中で滑落し、迫り出した岩場に膝小僧を打ちつけて動けなくなり、そのうち午後からの土砂降りでたちまち川が増水したため、這って渡渉することもできなくなった。それで水が引くまで岩の窪みにじっと我慢して待つ気であったという。

こっそり、ビクをのぞくと、中は空であった。

膝小僧は腫れ上がってはいるが、骨折はしていないようだ。いつの間にか蜂谷老人が流木を鉈で削って添え木を作ってくれ、それでしっかりと膝を固定した。

ぼくは、ここへ老人に案内してもらうに至った経緯を、かいつまんで菅原君に話した。自分が付け廻していた当人を目の前にして、彼は言葉もなく、米搗《こめつき》バッタのように頭を下げた。

握り飯を食べ、温かい茶を飲んでようやく人心地がついたらしい。菅原君の顔に赤味が差してきた。雨は霧雨に変わり、空に明るさが増して、山の稜線がいくらか明瞭になった。しかし、まだ増水の危険は去ってはおらず、一刻も早く渓から上がらねばならない。

怪我人を抱えての川通しには、ずいぶんと手間どり、ザイルを垂らしておいた小沢の上り口にたどり着いたとき、山はふたたび薄闇をまとい始めていた。

崖の上に全員で菅原君を押し上げ、ブナ林を足を引き摺るようにして進み、例の魚止めと思われる滝の真上にさしかかると、ぼくらは誰からともなく頽《くずお》れるように地べたに座りこんだ。そのまま眠りこんでしまいそうなほど、極度に疲れきっていた。

滝は今朝よりも一段と水量を増している。弧を画いてどうどうと落下する瀑流は、唸りをたてて地底を揺るがし、渓いっぱいに溢れて怒濤のように吼《ほ》えている。

その有様をみつめていた山崎が、突然、奇声を発し、踊るような仕草で下を指差した。それに誘われて皆が立ち上がり、滝口を覗きこんだ。大イワナが跳び上がって、滝を越えようとしている。それも一匹や二匹ではない。二十、三十、いや数える間もなく、イワナは次から次へと跳び上がり、滝壺に落ちてはまた執拗に躍り上がる。時折、水しぶきの中でキラッ、キラッと黄金色の光が閃き、滝の上へ尾を引いた。

「下嵐江《おろしえ》の隠れイワナだ」

低いがはっきりと聞きとれる蜂谷老人の呟きに、ぼくははっとして振り向いた。そこには、妖しい笑みを浮かべつつ遠く渓の奥を見つめる、下嵐江の山人の貌《かお》があった。

ヤマセミ

「おらほの川のアユっこは、どこにも負けねぇ」

水成岩質の流れに育つ砂鉄川《さてつ》のアユは、美味で、死んでも尾鰭がピンと反り上がっている生きの良さが地元の自慢でもある。本流の北上川からは、精悍な面構えをした背黒の天然アユが遡上する。

砂鉄川は、東磐井郡大東町の大原《おおはら》・渋民《しぶたみ》・摺沢《すりさわ》の各地区をたどり、東山町長坂・松川の町中を貫流しているにもかかわらず、中流域では未だ清流の姿をとどめていて、岩手県南のアユの名川として人気がある。

とくに摺沢地区の小沼の辺りは、車の騒音が遠のいた閑静な山あいにあり、山道も川から大きく外れていて清らかな渓谷のたたずまいを見せている。その小沼に、土地の人々が「日かげ淵《ぶち》」と呼ぶ深場がある。そこは、右岸が切り立った雑木林の崖で、そのまま垂直に川に落ちこんでおり、昼でも日が陰って薄暗い。川幅は広いところで約十三メートル、長さが二十メートルほどの楕円形をなしていて、深さは最深部でおよそ二メートル。川面には大小いくつかの岩が顔をのぞかせている。夏になると居付きの大型アユが石垢を食《は》み、秋口には下りアユが子持ちの腹を抱えて魚体《からだ》を休ませる絶好の場所となる。

「日かげ淵」の上手《かみて》には短い急瀬があり、さらにヤマメのいそうな落ち込みやトロ瀬が連なって、大石の点在する上流へと延びている。下手《しもて》には砂地の深いトロ場で、岸には葦《あし》が生い茂っている。

この摺沢地区小沼を流れる砂鉄川に仲間の菅原と出かけたのは、丸一日雨が降った後、灼《や》けつくような真夏の日が戻ってから三日目のことであった。

しっとりと朝露に濡れた土手から川岸に降りると、彼とぼくは真っ先に活かし缶を流れに沈め、荷物を葦の陰にそっと置いて、静かに腰を下ろした。朝もやが川面に低くたなびいて、風はない。今日もまた、よく晴れて暑い一日になりそうだ。

活かし缶の種アユが生気を取り戻すのを待っていると、四方の山や森からいっせいに蟬《せみ》が鳴き出した。白い霧のカーテンがゆっくりと空に引き上げられてゆき、やがて明るい日の光が川面に輝きはじめた。

活かし缶からアユを取り出し、素早くハナカンを通す。ヒヤッとした手触りがして、掌の中でアユがピクッと動いた。手を離すと、勢いよく瀬に躍りこんでゆき、小気味よいアユの走りが竿から手に伝わってくる。目印がふけて横に揺れ、一気に竿先が下流に引きこまれた。四、五歩下がり、竿を立て、岸の澱《よど》みに寄せる。水飛沫が上がり、二匹のアユをタモに吊るしこむ。

中型の背掛かりのアユをおとりに代え、流れの中ほどにポツンとある石まわりに放つ。立て続けに追いがあり、竿先をしぼりこんでくる。おとりアユを瀬に放って、こちらがまだ立ち上がらないうちに、鋭く目印が走ることもあった。それほど居付きのアユの追いは激しかった。樹木の生い茂る対岸の瀬では二十八センチほどの野アユが猛然と体当たりしてきた。アユたちのぶつかり合いがひとしきり続くと、しだいに間断となり、やがてぷっつりと追いは途絶えた。

竿を引き、遅い朝飯をとろうと、ぼくは菅原を呼んだ。幸先のよいことに、二人とも十四ばかりの野アユを掛けていた。川岸に腰を下ろし、弁当の包みと水筒を取り出した。握り飯をほおばると、指の先からアユの香りが立った。

下手《しもて》に移動するという彼に頷いて、ぼくは竿を肩にのせ、活かし缶をぶら下げて上流へ向かった。葦の生えた狭い川原を抜けると、急に開けた平瀬があらわれた。

川底に小石を敷きつめた平瀬の下手は、落ち込みの短い瀬で、対岸は緑の山はだが川岸まで迫っており、うっそうと茂る樹木の中で一際背の高い胡桃《くるみ》の木が、川面まで枝を張り出している。平瀬の上手の岸よりに、出っ張りの砂場が見え、小さな中洲になっていて、さらに上手にはトロ場が広がって、「日かげ淵」につながっている。「日かげ淵」へ行くには、平瀬を斜めに渡り、出っ張りの砂場を越えるのが一番早いのだが、ぼくはいつもそこを避けて、平瀬を横切り葦の原っぱを掻き分けて遠廻りして行く。それには理由があるのだ。

いつか、砂鉄川の流れを眼下に見おろす、小沼の小高い丘に家を持つ三浦さんが、そっと耳打ちしてくれたことがあった。夏になると、涼しい葦の陰ができる出っ張りの砂場に、よくマムシがとぐろを巻いて昼寝しているのだという。

「マムス、ふんづげだら、あぶねぇべ。んだがら、日かげ淵さ行がねぇほぉえ」

ぼくは、それまで一度もそこでマムシに出合ったことはなかった。だから、とっておきのアユ場である「日かげ淵」にぼくを行かせまいとする彼の軽い威《おど》しぐらいにしか思えず、笑ってその話を一蹴してしまった。

ある日、三浦さんが丘の上から大声で、竿を出していたぼくを手招きして呼ぶので、何だろうと、段々になっている田畑の畦道を登って行ってみた。どっしりとした門構えの大きな家の前を通り、土壁の納屋にぼくを案内すると、彼は黙って薄明りの一隅を指差した。

そこには、底が一抱えもある薬品用の広口のガラス壜が置かれてあり、その中に何か青白く光るものがあった。近づいて見た途端、ぼくは背筋が凍りつき、スーと血の気が引くのが分かった。壜の中で、子供の腕ほどの太さがある二匹のマムシが爛々と眼を光らせているのであった。それが今にもガラスを破って躍りかかってきそうで、ぼくは思わず後ずさりしていた。

昨日の昼過ぎ、あの出っ張りの砂場で捕まえてきたのだという。一夏に五、六匹のマムシを焼酎漬けにすることもある。どうだ見たか、と三浦さんは鼻をうごめかし、マムシの話を信じなかったぼくにお灸をすえて得意気な顔であった。以来、ぼくはどうしてもあの出っ張りの砂場を越す気にはなれないのだ。

上手の例の場所に目を遣りながら平瀬に踏みこもうとしたら、瀬の中ほどでキラリと底が光った。流れを透かし見ると、瀬のあちこちでアユが鰭を返して石垢を食んでいる。時折、侵入してきたアユを猛烈な勢いで追い払う様子まで、手に取るように分かる。瀬に入ったり出たりしている遊びアユの群れも見える。見逃せない出アユの時間だ。

一帯のアユを驚かさぬよう、ぼくは川原から外れた葦の中を掻き分けて、やや上流に抜け出た。活かし缶をそうっと流れに沈め、おとりのアユを摑み出しハナカンを通して、川原に膝をついたまま竿を立て、おとりを瀬に送りこもうとした——そのとき、一本の白い矢が川面に鋭く突き刺さったかと思うと、目の前の水面が烈しく割れ、空に何かが舞い上がった。

まばたきする間もない一瞬の出来事に、ぼくは呆気にとられて空を見上げた。高い胡桃の木の繁みの中に、チラチラと白と黒の斑《まだら》模様が見え隠れしている。嘴《くちばし》にくわえたアユを、目の端にとらえて、それがヤマセミであることがやっと分かった。この平瀬のアユをずっと狙っていたヤマセミが、ぼくに横取りされるのを見てとって、その寸前に先手を打ったことになる。

その日から何度か、平瀬で竿を出す機会があったが、そのたびについ気になって高い胡桃の梢を見上げた。すると妙に、ヤマセミがそこにいることが多く、まるでエサ場の領有を宣言しているかのような態度である。そんな日にはぼくは潔くヤマセミに平瀬を明け渡し、そこでは竿を出さないことにした。

ヤマセミは、ふだんはキャラキャラという独特な声が何処からか聞こえてくるばかりで、肉眼でとらえることはめったにあるものではない。この警戒心の強いヤマセミを、たった一度だけ間近に目撃したことがある。

〝土用隠れ〟といわれ、アユの釣りづらい八月の初め、ぼくは「日かげ淵」におとりアユを送りこんでいた。追いは散発的であったが、厭《あ》きない程度に肩のいかった大型アユが掛かって糸を鳴らした。

ちょうど竿を立てて、おとりアユを水面に顔を出している大岩の辺りへ泳がせているときだ。崖の木立の中からいきなりヤマセミが飛び出してきて、ヒョイとその大岩の上に乗った。突然のことで、こちらはどぎまぎしたが、竿を握ったままじっとしていた。すると、甲高い声がして林の中からもう一羽のヤマセミが飛んできて、隣の岩に乗った。

白と黒の鹿子斑が美しいヤマセミの背を、ぼくはまじまじと見つめた。そして身じろぎをせぬよう我慢していた。ところが、淵にもぐりこんだおとりアユは、そんなことにはお構いなしにヤマセミのいる大岩の周りを徘徊しはじめた。どうなることかと、ぼくは息を止めてヤマセミの動きを見守った。

と、ググーという野アユの追いが手許に伝わり、竿先が大きくしなった。野アユが掛かった。竿の揺れに驚いた二羽のヤマセミは下手へ一直線に飛び去った。

ヤマセミが番《つがい》でいることを知ったのは、このときであった。それから二、三度、「日かげ淵」の林に出入りするヤマセミの姿を見かけることができ、崖の雑木林の中に彼らの棲み処があることも分かった。

「日かげ淵」で事故が起きたのは、一昨年の七月二十九日のことであった。

いつもの通り、小沼の下流の瀬で良型のアユを掛けた後、ぼくは菅原とわかれて上流へ向かい、ヤマセミのエサ場である平瀬にさしかかった。生い茂った上空の梢を見上げたが、珍しくヤマセミの影はなく、鳴き声もしなかった。平瀬を真横に渡ると、居付きのアユが足元で右往左往した。噎《む》せ返るような葦のヤブを掻き分けて「日かげ淵」の下手に降り立ち、水辺を歩いてゆくと、前方の緩やかなよどみの、葦の根元近くに、何か黒っぽい塊りのようなものが浮かんでいた。

訝《いぶか》しく思いながら近づいて見て、ぼくは自分の眼を疑《うたぐ》った。いいようのない戦慄が走った。恐る恐る両手を差し伸べてそれを掬《すく》いとると、指の間から生暖かい水がしたたり落ちた。間違いなく、それはヤマセミであった。

摑《つか》んだ指にチカッという痛みを覚え、腹部を返してみると、イカリバリががっちりと突き刺さっていた。腹部に二本、さらに首の付け根に一本刺さっており、おまけに太い釣り糸がヤマセミの体をがんじがらめにしていて、大きな丸オモリまで背負っている。それらは容易に外せそうもないほど、ヤマセミの体にきつく巻き付いていた。

ぼくは急いでチョッキのポケットから鋏を取り出し、糸を切ってひとつずつイカリバリを外していった。

ヤマセミの体に巻き付いていたのは、三本イカリのガラ掛け（コロガシ）仕掛けである。オモリの下に、十ないし十五センチ間隔にエダスを付け、それにイカリバリを三本から四本付けて川底を引く方法がガラ掛けで、アユ以外の小魚までさらい川底を荒らすことから、友釣り師には嫌われる漁法である。

「日かげ淵」はガラ掛けの禁止区域に含まれているのだが、誰かが監視の目をかすめて、朝早くこっそりと深場の石まわりでそれを引いたのだ。オモリかハリを底石に取られ、仕方なく仕掛けを切ってしまったため、石と石の間に三本バリが残され、そこへ石垢を食《は》みにきた野アユが触れてハリ掛かりしてしまったのだろう。そうしてヒラヒラしている野アユをヤマセミが上空から見て、これ幸いと飛びこんだ。だが、三本バリの付いた仕掛けがヤマセミの体にまつわりつき、もがけばもがくほどハリや糸でかんじがらめになってしまい、重いオモリを背負ったまま何とか岸辺までたどり着いたが、そこで力尽きてしまったに違いない――。

ぼくは両手でヤマセミの体をゆさぶってみた。だが、なにも変化はなく、胸に耳をあてても鼓動はまったくなかった。それでも、濡れているような目はぱっちりと開いており、かすかに温もりが感じられた。

このヤマセミをどうしようという考えもつかず、ぼくは竿も活かし缶もその場に置いたまま、胸にヤマセミを抱いて流れの中を走った。腰までの深い淵を越え、マムシが昼寝する砂場も構わずに一気に駆け抜けた。平瀬の流れを蹴散らし、葦の茂る川原を飛ぶようにして下流へ向かった。

走ってくるぼくに気付き、何ごとかと驚いて菅原は振り向いた。激しく息づきながら黙って両手を差し出すと、彼は目を剝いたまま、しばらく口を開かなかった。

「なんじょしたんだ！　このヤマセミ」

ぼくはかいつまんで経緯《いきさつ》を話すと、クーラーのふたを開け、中の飲物を外に出して代わりにヤマセミを横たえた。額から流れ落ちる汗が目にしみた。

ぼくは「日かげ淵」でガラ掛けを引いた釣り人を恨んだが、どう弁解しようとも、自分自身も自然の生きものたちに禍《わざわい》を及ぼしている人間の一人であることを否定できなかった。

渓流釣りで、打った毛バリを木の枝にかけて糸を切ることがある。その毛バリを虫と間違えて鳥が食べてしまうことはないだろうか。友釣りをしていて、掛かりアユもろとも仕掛けを切ってしまったこともずいぶんあった。

このヤマセミの亡骸を剝製にして部屋に置き、釣り人としての自分にたいする戒めにしよう、とぼくは思った。

剝製にするにはどうすればよいのか、半日かけて電話で調べた。その結果、ヤマセミは保護鳥とされていて、所轄の農林事務所に届け出て許可をもらわなければならないことが分かった。

翌日、農林事務所に出向くと、二人の職員が応対に出てきた。

「なんだべ、見だごどねぇ鳥だなぁ」

「ヤマセミです」

二人は額をつき合わせるようにして、鳥類図鑑をしきりにめくりながら、机の上に置かれたヤマセミと見較べていた。

「あー、ほんだヤマセミだ。これ、なんじょします?」

ぼくは、できることなら剝製にして手元に置きたいと言った。続いて、拾得した当日の概況を述べる段になったが、二人ともアユ釣りとは縁がなく、状況が理解できないようであった。ぼくはボールペンで紙にガラ掛けの仕掛け図を描き、その釣法を詳しく説明する羽目になった。職員たちは何とか事情が呑みこめたのか、ポラロイド・カメラでヤマセミの写真を撮ると、書類を作りはじめた。剝製にする場合はこれを剝製業者に提出しなければならないと二、三度念を押された上でようやく、このヤマセミをぼくが拾得したことを示す「事実証明書」が手渡された。

知人にうまい剝製作りがいたので頼んでみた。だが、夏は虫がついたり腐ったりするので、冬まで待つことになり、ヤマセミは冷凍庫に入れられた。

雪の降る頃になって、首を長くして待っていた剝製が出来上がってきた。台座の木の枝に止まった姿勢で冠のような頭の毛を逆立てたヤマセミは、見事に蘇っていて、生きているときと変わらぬ気高さを感じさせた。

ぼくは気の合った仲間数人を呼び、このヤマセミを囲んでささやかな供養をした。ヤマセミの前に、夏の間にとって冷凍しておいたアユを供えた。「日かげ淵」の下の平瀬で初めてヤマセミに出合ったときの光景が鮮やかに思い出された。

誰かが、このヤマセミはオスかメスかと言った。ぼくは、オスに間違いないと答えた。それというのも胸元にオスの特徴である、刷いたような薄茶色の帯を認めていたからであった。残されたメスのヤマセミはどうしたろうか、と気がかりだった。

翌年の三月、渓流釣りが解禁になると、ぼくはそれを待ちかねたように砂鉄川を訪れた。ヤマメを釣りながら「日かげ淵」の辺りを何度も往来し、もう一羽のヤマセミの安否を確かめようとした。二時間も三時間も「日かげ淵」の前に座りこんでヤマセミが現われるのを待ったこともあった。小沼から上流の魚集《よまつべ》まで遡行して探索したこともあった。しかし、その鳴き声すら聞けなかった。

釣り仲間には、見つけたら知らせてくれと言っておいたし、小沼の三浦さんにもマムシよりヤマセミをくれぐれもよろしくと頼んであったのだが、春が過ぎてもめぼしい情報はなく、生きているのか、何処かに移ったのか、ヤマセミの行方は杳《よう》として知れなかった。夏がきたらヤマセミはあの平瀬のエサ場に戻ってくるかもしれない、とぼくは一縷《いちる》の望みをかけた。

アユの季節がふたたび巡ってきた。しかし冷たい夏の日が続いたせいか、稚アユの発育は遅く、平瀬の食み《は》跡もまばらで、エサ場にヤマセミが帰っている気配はなかった。盛期になっても野アユの追いは鈍く、いくらやきもきしても夏らしい夏は来そうになかった。追討ちをかけるように、八月中旬、三陸沖をかすめた台風の余波で、沿岸や内陸部に集中豪雨がもたらされた。

「だめだぁー、アユっこ流される！」

電話の向こうから小沼の三浦さんの悲痛な声が聞こえてきた。葦の川原を呑みこんだ濁流は、崖際の土手を削り今にも道を乗り越えてきそうだという。村人が対岸の田畑に通うためだけにかけた頑丈な丸太橋が、わけもなく流されたのだそうだ。

大雨の爪痕はすさまじく、川底が荒れてほとんどの川がしばらく釣りにならなかった。いくらか流れが落ち着いた八月の末、ぼくは砂鉄川の摺沢地区に出かけてみた。前日、電話でおとりアユを手に入れてくれるように頼んでおいた三浦さんの家に寄ると、

「だめだべぇ、もうアユっこは終わりだべ」

と大雨による不漁をくどくどこぼしながら、それでも彼はわざわざ下流の松川地区から調達し、水瓶《がめ》に活かしておいたアユを二匹、活かし缶に入れてくれた。

到るところ、川底は土砂で埋まり、流木や枝が岸辺に打ち上げられ、流れの変わった箇所もあった。泥流をかぶったせいか、川原の風景は妙に白茶けていて、よそよそしく見えた。それでもぼくは、大石の横たわる魚集《よまつべ》の上流へ足を運び、深場におとりアユを送りこんでみた。追いはなかった。石垢がほとんどついていない川底は、磨かれたように白く光り、野アユの影はどこにも見当たらなかった。上流に上る気も失せ、ぼくはとぼとぼと流れを下りはじめた。タイツを通してしみてくる水はヒヤリとした冷たさで、川原にはもうアキアカネが舞っていた。

何度か瀬を渡り、傾斜のある曲がりの急瀬にさしかかると、下手に「日かげ淵」が見えてきた。淵そのものは大水による影響を受けていなかったが、川辺の葦原がきれ

いに薙ぎ倒されていた。

活かし缶をのぞくと、おとりアユはすっかり弱っていて、艶のなくなった魚体にはいつの間にか落ちアユの黒いサビが浮いていた。二匹のアユを掴み出して淵に放してやると、ぼくは竿をたたみ、道具を片付け、川原に腰を下ろして足を投げ出した。軽い疲れが眠気をもよおし、ちょっとの間、まどろむように目を閉じていた。

不意に、上手からキャラキャラという鳴き声が聞こえてきて、ハッと我に返り、思わず立ち上がった。いきなり二羽のヤマセミが淵の水面を滑るようにしてあらわれ、二本の白い線を描いて崖の木立の中へ吸いこまれていった。ヤマセミが消えていった彼方を食い入るように見つめたまま、ぼくはしばらくそこに立ちつくしていた。

カワシンジュガイ

「よおっ、起きろ！　川だぞ」

揺り起こされ、慌てて腕時計を見ると、もうすぐ降りる駅に着く時刻だ。大船渡《おおふなと》線の一番列車で一関を発ち、陸中松川駅を過ぎて砂鉄川の流れを渡った頃までは覚えている。それからぐっすりと寝こんでしまったらしい。たまたま乗り合わせた顔見知りの車掌が気を利かせて起こしてくれたのだ。

窓を引き上げると、爽やかな五月の風が吹きこんできた。寝ぼけまなこに風が染み涙が滲むのにまかせていると、銀色の朝日をはじく矢作《やはぎ》川の流れがゴォーと鉄橋を渡る響きとともに飛び去った。気動車はそのまま陸前矢作の小さな駅に滑りこむように停まった。

ザックを片手に、ひっそりと静まり返った改札口を抜け、駅舎の裏手に廻った。待っていたとばかりに、藤村さんがガタガタと自転車を押してきて、日焼けした顔を覗かせた。

「よぉー、来たか」

ここの駅員である藤村さんは、駅から程近い矢作町の打越に住まいがあり、ぼくとは長年のつきあいで大の釣り好きでもあった。

「もうよ、アユっこのぼってきてるがら、ながながヤマベ（ヤマメ）釣れねぇべ」

雪解け水が落ち着くと、三陸の海から気仙《けせん》川本流をたどって子アユの群れが矢作川に遡《さかのぼ》ってくる。この時季は土着のヤマメが流れ者みたいなアユの出現で気が立ってきて釣りづらくなる、というのが藤村さんの口癖であった。

「まあよ、なんだって腕だからよ、やってみんねぇば、わがんねぇどもよ」

お前さんでは、ちと今のヤマメは手こずるだろう、といわんばかりの彼の目がからかい気味に笑っている。

彼は今日が勤務で、釣りに行けないのがよほど面白くなさそうであった。返答もしないままザックを借り物の自転車の荷台にくくりつけると、ぼくは黙って、こぢんまりした集落が点在する駅前の路地へ飛び出した。

「ヤマベよ、晩げのおかずにすっからよ、帰りになんぼが置いでげぇなぁ」

背後から追いかける彼の大きな声に、ぼくは内心ニヤリとしながらも、知らぬ振りをしてさらに力をこめて自転車のペダルを踏んだ。

本道から逸れた田畑の畦道を突っ切り、東角地《ひがしかくち》の川原沿いの土手に自転車を転がすと、浅瀬の石を剝がして川虫を拾った。差し入れた腕にからむ水は温《ぬる》く、抜けるような青空から明るい日差しが平瀬に満遍なく降り注ぎ、風はまったくなかった。

風向きによっては、陸前高田の海からこの辺りまで潮の香が届くことがある。

平瀬の向こうは、川が直角に右へ曲がり、その流れのぶつかりは岩壁の深い淵になっていて、春先はヤマメの好釣り場である。

淵のすぐ上に、木枠を組んで流れを止めた低い堰堤が横たわり、その木杭にカモメが二羽乗っていた。しきりに首を屈めて泡立つ落ち込みを窺う仕種をしている。と、やおらヒョイと首を伸ばして、嘴《くちばし》にきらりとする何かをくわえた。それは、海から遡《さかのぼ》ってきた銀色に光る稚アユであった。眺めていると、時折キラ、キラと光って、堰堤を飛び越えようとするアユが飛沫の中から果敢に跳ね上がった。

カモメは自分の持ち場で辛抱強く、跳ね上がる稚アユを待っていた。こちらが近づいても、アユに夢中なのか、わざと無頓着を装っているのか一向に飛び立つ素振りもみせない。何とも素っとぼけたカモメの態度が気になったが、堰堤の下、トロ瀬の石まわりで竿を振った。二十センチほどの虹を帯びた幅広のヤマメが、たて続けに三匹釣れた。当たりが遠のいてふと気が付くと、カモメの姿は消えていた。

再び自転車に乗って、湯漬畑《ゆづけばたけ》まで一気に走り、それから徒歩でしばらく下流にさがってから釣り上っていった。

釣り人の誰にも出会わないせいか、案に反してヤマメの出は好調で、次第にビクは重くなり、これで藤村さんの鼻を明かすことが出来ると、一人ほくそ笑んだ。

松ノ倉沢出合いの下手にさしかかったときエサの川虫が底をついたので、そこで遅い朝飯にした。周囲の緑が影を映した川辺で水を掬《すく》って顔を洗うと、そのまま掌が緑色に染まるようだ。

一休みして、川虫採りの網を手に、砂地が広がる平瀬の川虫を漁った。網に入るのは、地元で砂虫と呼ぶモンカゲロウの幼虫が多かった。そのうち網の中に何か黒っぽいものが紛れこみ、石塊《いしころ》かと思って手にとってみたら、七、八センチの平たい楕円形をした貝のようであった。それが確かに貝だと分かったときには、ぼくは何の関心も湧かず、無造作に川へ投げ棄てていた。

貝はポチャリと水音を立て、ゆっくりと流れに呑みこまれて見えなくなった。妙に、冷ややかな手触りだけが指先に残った。

それから三年後の八月初め。

渇水の夏で、アユに見切りをつけたのか、釣り仲間の鈴木君が丹藤《たんとう》川にイワナ、ヤマメを釣りにいかないかと誘いに来た。雨待ちでじりじりしていたぼくは、ためらうことなくその話に飛びついた。

鈴木君はイワナを狙って上流に移動した。畑屋から源流域で竿を出すという。ぼくは南山形の尾平《おだいら》付近から釣り上がることにし、落ち合う場所を確めて二人は上下に別れた。

日が高くなるにつれ、蟬の声がざわめきとなって四方の山々から湧き上がってきた。また暑い日になりそうだ。

川岸は葦や小灌木が生い茂るヤブ地帯がずっと上手まで続いている。むっとする草いきれの中をこぐより、流れに立ちこんでザブザブと歩いてゆく方がはるかに涼しかった。

やがて葦が切れ、小砂利の狭い川原があらわれた。丸太が一本、流れに渡してある。草付きの対岸の岩場が、えぐれて深そうだ。ぼくは立ち停まって毛バリ竿をつなぎ、腰を低くして向こう岸めがけて竿を振った。

フッと毛バリが水面に落ちるや、ギラッと光が走り飛沫が上がった。一瞬合わせが遅れ、ラインが空に舞った。それっきりヤマメは沈黙を守った。

丸太橋を渡ると、ヤブの中に踏み分け道が川なりに延びており、それをたどってゆくと中洲の見える広い川原に抜け出た。砂場の上手はゆったりした淵で、巨岩が流れに横たわり、その岩陰で水音がして子供の歓声が上がった。
四、五人の子供らが潜ったり泳いだりの川遊びの最中で、砂場には脱ぎ捨てられたサンダルや靴、ズボン、下着などが散乱しており、水辺には熊笹に通したカジカやイワナが数匹、重しの石を載せて浸けてある。そして細い網目の袋には何やら黒っぽいものが見え、やはり石で押さえてある。
何気なく網袋を引き上げ、逆さにして中味を取り出してみると、それは十センチばかりの小判形をした黒褐色の貝であった。全体に平べったいが、盛り上がった部分はなぜか表面が剝げて白っぽくなっており、多数の筋が曲線を画いて年輪のように見える。しっかりと閉じられた殼はがんじょうそうで、鋭い刃先のようだ。匂いをかぐと、青くさい生臭さが鼻をついた。

ためつすがめつ眺めていると、

「おんちゃん！　何してんだぁ」

頭から爪先まで真黒に日焼けして、体から水を滴らせた子供たちが、いつの間に川から上がってきたのか、訝《いぶか》しげにあるいは警戒心をあらわにして、ぼくの前に立っていた。女の子が二人、男の子が三人だ。

ぼくは咄嗟には言葉が出ないでまごまごしたが、黙って網袋を開けたことを子供たちに謝り、この貝は何という名前なのかと尋ねた。

「カラスゲェ」

一番年嵩らしい男の子が、ぶっきらぼうに答えた。

「カラスガイ？」

と聞き返すと、

「んでねぇべ、先生いってだべ、ほんとはカワシンジュガイっていうんだって」

背の高いスラリと手足の伸びた、どこかこましゃくれたオカッパの女の子が、はにかみながら口をはさんだ。

やっと打ちとけてきた子供たちの表情がなごみ、おしゃべりになった。聞くと、子供たちは穀蔵《こくぞう》小学校の生徒で、授業の際、先生が丹藤川の川貝の正式名はカワシンジュガイなのだと教えてくれたというのであった。

「ほんだって、みんなカラスゲェっていってるべ」

面白くなさそうに男の子が口を尖らした。

「いっぺぇいんのが？　カラスゲェ」

と聞くと、子供たちは一様に首を横に振り、ほんのたまに見つかる程度だという。

網袋の中の貝はすぐ下手の瀬で捕ったというので、まだないものかと子供たちと一緒に捜してみたが、見つからなかった。

子供たちにこの川貝を何とか譲ってくれないかと頼みこんだ。意外にあっさりと、年嵩の子がビクの中に三個の貝を入れてくれた。

ザックからジュースとガムを取り出してそれを子供たちに押しつけ、礼をいって上流へ向かって歩きだした。上るにつれ次第に山あいが深くなり、鬱蒼《うっそう》とした木立の中は、日の光が届かないせいか、ひんやりとして、淡い緑の仄暗《ほのぐら》さを漂わせていた。

ぼくは竿をたたんで、ひたすら川貝を捜した。屈んで川底を透かし見、また歩くことを繰り返した。しかし、貝らしいものは一向に見つからず、鈴木君との待ち合わせ場所である穀蔵の上手の、村人が畑に通うために架けた木橋にたどり着いたときには、いいかげん疲れてしまい、ザックを降ろして川原に座りこんでしまった。

ビクの中が気になって覗いてみると、しばらく外気に晒したせいか、ベロリと舌のような肉質が貝の殻からはみ出ており、まるで苦しみ喘いでいるようだ。急いで橋のたもとに寄り、両手に貝を乗せて流れに浸してやると、呼吸するかのようにプツプツと気泡を吐き出した。

「おー、カタゲェだ。よぐめっけぇだなぁ」

真上から声がして見上げると、竹籠を背負った老人が木橋から笑いながら覗きこんでいる。頭を下げると、老人は頬被《ほおっかぶ》りを取って丁寧に腰を折った。

カタゲェというのはカラスゲェとは違うのか、と老人に尋ねた。

「ほんだ、カラスゲェどもいう。カタゲェと同じだ」

聞いてみると、カタガイは食べると固くて嚙み切れないという意味がこめられた名のようだ。それほど旨いものではないが、煮るよりも焼いて塩をつけて食う方が味があり、昔はずいぶんと捕って腹の足しにしたものだという。

「昔はよ、丹藤の川さどこでも、ごっちゃりいたもんだ」

びっしりと川底に貼付いていて、裸足で歩こうものならナイフのように鋭い貝殻でたまに足を切ることもあった。それに、つい最近まで鍋などのこげ落としとして貝殻を利用していた、と老人はいう。

「ほんでもよ、なんじょしてだが、この辺のカタゲェ、さっぱりいねぇぐなってしまったなぁ」

ぼくは、どうしようかと、一寸迷ったが、子供たちにもらった三個のカタゲェをそっと流れの底に横たえ、老人の後から山の斜面を登っていった。

丹藤川から帰ると早速、川貝に関する図鑑や資料を読みあさった。概要を述べた程度のものが多く詳細はつかめなかったが、それでも丹藤川の川貝は学名をカワシンジュガイといい、古くからカラスガイ、ドブガイ、カタガイ、タチガイなどと称されてきたこと、そして山間部の渓川の砂礫に棲息し、その幼生がヤマメ、イワナ、カジカなどのエラに付着して成長することを知った。岩手県におけるカワシンジュガイの主な棲息地は安家川《あっか》、有家川《うげ》、丹藤川などだという。

資料に載っているこれらの川の名を読んでいるうち、不意にも矢作川の名を思い浮かべた。何年か前、矢作川で黒っぽい貝を拾い何気なく投げ棄てたときの、忘れていた記憶が、脳裏の奥底からあざやかに浮き出てきた。

その年のお盆すぎ、ぼくは三人の仲間とともに岩泉町を流れる安家川を訪れた。途中、今日の宿になる元村の「かむら旅館」に余分な荷物を預けた後、ぼくと吉田さんは川口の下手で車を降り、アユを狙って下安家まで下るという二人と別れた。

安家の語源はアイヌ語の〝ワッカ〟で、清い水を意味するといわれるが、川底は黒い岩盤質のところが多く、水の色は黒みがかって見え、清澄なイメージとは裏腹な感じを抱かせる。

しばらく二人は川面に鼻先を押しつけるようにして、川底のカワシンジュガイを捜すことに専念した。だが砂礫の少ない区域であるせいか、殻さえも見つからなかった。そのうち、貝の探索に厭きた吉田さんは、川虫をエサにして釣りを始めた。

深場の淵を苦労して越えると、砂場を抱えた開けた瀬が、小さな中洲をはさんで長長と上手に延びていた。瀬の中ほどに板張りの粗末な橋が渡してあり、右岸のわずかばかりの台地には平屋の民家がポツンと立っていた。

前方を見たとき、中洲を越えた対岸の瀬で、吉田さんの竿が大きくしなって一瞬、止まった。大物だ！　そう思ってぼくは駆け寄った。吉田さんは首をかしげて二度、三度竿をあおっている。竿がしなったきり、そこから動かないのだ。やがてユラユラと動きだし、竿先が激しく揺れた。吉田さんは竿をためてから一気に引き抜いた。

「なんだ、こりゃ！」

吉田さんが素っ頓狂な声を上げた。貝が釣れてしまったのだ。まさしくそれは、丹藤川で見たのと同じカワシンジュガイであった。

初めてカワシンジュガイを見る吉田さんは、「これが……」と言ったきり、掌の中の十二、三センチの貝をしげしげと見つめている。

カワシンジュガイの蓋はがっちりと締まっていて、鉤のモドシまで中に食いこんでいるため、貝の中をえぐるようにして鉤を取り出さなければならなかった。

　二人は対岸の瀬に目を凝らした。黒褐色のカワシンジュガイがさらに十数個、深さ四十ないし五十センチの川底に見えた。殻の一端を砂礫の中に埋め、一寸だけ口を開けて少し斜めに立っている。水中に手を入れ、指先で殻に触れるとスッと口が締まった。

　カワシンジュガイの開いた口に偶然にもエサの川虫が飛びこみ、殻を閉じられ、それで吉田さんが釣り上げてしまった、というわけである。

　気をつけて見ると、その周辺にはカワシンジュガイの群れが、黒い塊となって点在している。ぼくらはカメラを取り出して、カワシンジュガイの水中での様子を写したり、砂礫から引き抜いて川岸に置いて撮ったりと、写真撮影に時間を忘れた。

「そいづ、持ってってだめだぞ！」

　いきなり降ってきた声に肝を潰して見上げると、白髪頭の老婆が睨み付けるかのように、こちらを見下ろしている。

「スンジュゲェ、天然記念物だから、持ってぐど怒られっぞ！」

　ただ写真を撮っているだけで持っていく気など全くないのだと二人は交互に叫び、大急ぎで川岸や石の上に置いたカワシンジュガイを川底に戻した。老婆は何やら意味のわからない言葉をぶつぶつ呟いて、家に引っこんだ。

吉田さんもぼくも、けったいな老婆に意表をつかれ、しかも天然記念物という言葉に気圧《けお》されたのか、わけのわからぬうちにそこを退散した。

「かむら旅館」に戻ると早速、ぼくらはおかみさんをつかまえてカワシンジュガイは天然記念物なのかと尋ねた。そんなことはない、婆さんにからかわれたのだろうと、おかみさんは笑った。昔の食糧難の時代にはずいぶんと捕って食べたというが、現在、地元では捕ってはならぬという地元民同士の申し合わせのようなものがある。それに県の博物館の調査員が何度か調査に来て、カワシンジュガイは安家の貴重な財産だという話をしていった、ともおかみさんはつけ加えた。

それから一週間後、ぼくは盛岡の県立博物館を訪れた。矢作川、丹藤川そして安家川での出来事が、ぼくの頭の中で密接につながり、カワシンジュガイについて知らずにいられないという気持ちが募って、とうとう専門研究者の門を叩いたのである。電話で連絡してあったので、学芸調査員の沢田邦久さんが入り口で出迎えてくださった。沢田さんは、岩手県における縄文時代以降のカワシンジュガイの衰退について、数年をついやして追跡調査をしていたのであった。

研究者以外の方がこんな貝に興味をもつなんて、と沢田さんは少し驚いた様子だったが、難しい専門用語をできるだけ避けて、次のように概説してくれた。

カワシンジュガイはイシガイ目カワシンジュガイ科に属する淡水産の二枚貝で、岩手ではカラスガイ、ドブガイ、カタガイ、タチガイ、アメフリガイ、カワシュウリ、サヤマキなどの呼び名があり、日本産はヨーロッパ産とは区別されている。

日本の分布域は北海道、秋田、岩手、福島、栃木、新潟、長野、岐阜、岡山、広島、島根、山口の各県に及び、分布南限は日本海側では山口県、太平洋側では関東北部といわれる。これはサケの遡上河川の南限と似ていて、サケ科魚類とカワシンジュガイとが密接な関係にあることがうかがえる。しかし、最近になって本州南西部、本州中部の産地は絶滅状態といってよく、数年後には日本のカワシンジュガイの分布地図は大きく塗り替えられ、もしかすると棲息地は北東北と北海道のみという時代がやってくるかもしれない。

「岩手県の棲息地は大丈夫なんでしょうか。安家川や丹藤川は……」

ぼくは、安家川で〝天然記念物〟という言葉を聞いて以来うすうす感じていた不安を問いにした。

「三年前から現在までの調査で棲息密度の高い流域として確認されたのは、いま言われた安家川や丹藤川のほか、有家《うげ》川、柴沢《しばざわ》川、仁沢瀬《にさせ》川、巣子《すご》川の六河川で、他にいくつかの棲息河川が挙げられるけれど、もう絶滅状態であると言っていいでしょう。このままゆくと、岩手のカワシンジュガイは間違いなく絶滅の途をたどる運命にあります。辛うじて生き存《なが》らえるとすれば、今や安家川だけかもしれません」

やはり——。それにしてもなぜ、カワシンジュガイは川から急激に消滅してゆくのだろうか。

「第一に水質の汚染です。河川改修工事による土砂の流入と農薬や家庭排水などが、カワシンジュガイに致命的な打撃を与えています。それに治山工事やダム工事も大きな要因になります。全く人為的な要素ばかりです。それがとりもなおさず、ヤマメ・イワナ・カジカなどの清流を好む淡水魚にも影響を及ぼし、すべての生物の棲息環境を破壊することにもつながるんです。ホタルが飛び交う、そんな河川環境がカワシンジュガイのためには欲しいわけです」

ヤマメやイワナなどのエラにカワシンジュガイの幼生が付着すること、つまりこれらの淡水魚とカワシンジュガイが密接な関係にあることが、ぼくには不思議でならなかった。

沢田さんは机の上にカワシンジュガイの生態の変化を写したスライド写真を広げて

話してくれた。

「カワシンジュガイは四月中旬から五月上旬にかけて受精があり、生まれた卵はやがてグロキジウム（有鉤子幼生）と呼ばれる幼貝となって、雌の四枚のエラの間でおよそ一か月間保護されます。そして五月末から六月初めにかけての水温の上昇した時期に、水中にいっせいに放出され、これがヤマメ、イワナ、カジカ、ウグイなどのエラに鉤《かぎ》みたいなもので引っ掛けて付着するといいます。で、魚から栄養を摂りながら一か月から二か月の寄生生活を送る。おかしいのは、最後まで百パーセント寄生しているのは実はヤマメだけで、他の魚のエラに付着した幼貝は途中でほどんどが落ちて死んでしまう、そういう観察結果が出てるんですよ」

六月下旬から七月にかけて、釣り上げたヤマメのエラを開いてみると、肉眼でもはっきりと貝の幼生、グロキジウムを見出すことができると沢田さんは言う。カワシンジュガイの寿命は貝類中、最も長命で、殻長三センチで十年、十センチで三十年経っており、六十年から百年も長生きするものもあるという。

「そうなると、ヤマメとカワシンジュガイは共存共栄ということですね？」

「いやぁ、むしろヤマメにとってはカワシンジュガイの寄生は大変な迷惑じゃないでしょうか。昭和五十六年の七月に、下安家漁協で養殖していたヤマメのエラに大量の幼貝が付着して甚大な被害をもたらしたこともありますし、北海道の水産業界でも、サケやヒメマスのエラから幼貝が脱落する時に出来る傷が、細菌性もしくは寄生虫性の疾病にかかる原因になるとされ問題になってるんです」

「しかし、寄生の対象であるヤマメが棲息しなくなれば、カワシンジュガイもいずれ滅びることになりませんか」

「そうですね。そういう意味から言えば、カワシンジュガイにとってヤマメはなくてはならないパートナーということになりますね」

カワシンジュガイがヤマメへの寄生生活にピリオドを打つのは七月下旬から八月初めで、落ちた幼貝は砂の中で三、四年間を過ごし、やがて成体になるという。

ぼくは七、八年前に矢作川でカワシンジュガイらしいものを見たことがあると言うと、沢田さんは身を乗り出してきた。

「県南部ではとうの昔、カワシンジュガイは絶滅したといわれておったんですが、つい最近、矢作川の支流でカワシンジュガイの殻や破片が見つかっているんです。縄文時代には、貝塚などの遺跡を見ればわかるんですが、ほぼ岩手県全域にカワシンジュガイが棲息していたことは確かです。県南部の沿岸水系にまだ棲息している可能性は十分あるんです」

カワシンジュガイは、食用以外に古くからどんなふうに利用されてきたのだろうか。

「岩手ではよく鍋のこげ落としに用いたといいます。北海道の古代アイヌはカワシンジュガイを〝ピパ〟と呼び、貝に穴をあけて紐を通し、粟の穂ちぎりに使ったという話もあります。それと装飾品に用いたことも考えられます」

北海道では真珠の母貝にカワシンジュガイを利用していると聞く。出来る真珠は海産のものと比べてどうなのだろうか。

「詳しいことは分かりませんが、品質は劣り、海産のものより形がそろわない。小粒だといわれます。けれど、それがまた魅力でネックレスなんかに人気があるようですよ」

天然のカワシンジュガイからは真珠は出てこないものなのだろうか。

「現在ではめったにありえないことでしょうが、縄文時代の遺跡からはカワシンジュガイの真珠が出てるんです」

こともなげに、沢田さんはそう言って笑みを浮かべた。

日本最古の縄文真珠は福井県三方町の鳥浜貝塚から出土した。今から五千五百年前のものだという。淡水産の真珠が出土した十か所ほどの遺跡の中に岩手県下閉伊《しもへい》郡岩泉町の岩谷洞穴が含まれている。遺跡から真珠が見つかるのは極めてまれで、岩谷洞穴の縄文真珠二個はここの博物館に所蔵されているという。

縄文真珠が淡水産であることは、X線による内部観察と電子顕微鏡の拡大写真で真珠に含まれる元素を調べれば分かる。

「縄文真珠はほとんどが完全な球形ではなく、楕円形や底部がえぐられたような半円形を呈しているんです。きっと貝殻に真珠がくっついてしまい、それを削り取ったんだと思います、ナイフのようなもの、もしかするとカワシンジュガイの片方を利用したものかもしれません」

ぼくは、縄文時代の女性がカワシンジュガイにくっついた真珠を目を輝かせながら削り取る様を想い浮かべていた。

資料室のガラスケースの前に立つと、沢田さんは小さな箱の台座を指差した。それは気を付けないと見落としてしまいそうな、普通の真珠の半分もない小さな塊であった。一個の真珠には小さな穴があいていた。紐を通してペンダントやネックレスにでもしたのだろうか。

話しかける沢田さんの言葉をどこか上の空で聞きながら、ぼくは乳白色の鈍い光沢を放ついびつな二個の縄文真珠を飽かず見つめていた。

秋色の漂う昨年の九月末、ぶらりと矢作川に出向いた。もう何年も、この流域には足を運んでいなかった。

知人の藤村さんは三年前に国鉄を退職し、奥さんと二人、悠々自適の毎日であった。藤村さんには電話で何度かカワシンジュガイの話をし、矢作川流域を捜してくれるように頼んでいたのだが、会うのは本当に久し振りであった。

周囲の山々は赤と黄の彩りで装い、冬を迎える前の華やかさがあった。芒《すすき》の揺れる川原を歩きながら、ときどき立ち止まっては川底を覗いてみた。もう落ちアユの季節だが、どの瀬にも釣り人の影はなく、今年も不漁で終わりつつあることを物語っていた。

ここ数年の河川工事のため、川床はずたずたにされ、名場所とうたわれたいくつかの淵も姿を消し、護岸工事で組まれた石垣が魚の棲み処を奪い取っていた。何の変哲もない平瀬に変貌した川底には、もはや魚影はなかった。

約束の場所で待ち切れなくなったのだろう、藤村さんが耳切の下流で川沿いに下ってきた。ぼくに気付いて手を上げ、小走りにやってきた。

藤村さんは竿もビクも携えていないが、川底を覗く箱メガネをこわきに抱え、胴長グツを履いていた。

「よぉー、どうしたや、生きどったが」

「あー、なんとか……」

ふたりは手を取り合い、笑いながら川岸に腰を下ろした。ぼくはザックからジュースを取り出して一本を藤村さんに手渡した。心なしか、藤村さんの頰の皺《しわ》が深くなり、額の生え際に白いものが目立った。

「お前《め》ぇ言ってだケエッコ（貝）、どごにもいねぇ」

藤村さんは暇もをみては生出《おいで》川の上流域、中平《なかひら》川流域、矢作川本流などを、シラミつぶしにカワシンジュガイを捜して歩いたという。

何かの手がかりぐらいは得られるのではないかと期待していたので、ぼくは話を聞いて落胆した。七、八年前にこの川で見た貝は間違いなくカワシンジュガイだった——その思いは、日が経つにつれて強まり、確信に近いものになっていた。

「今年《ことす》も、マスもアユっこも、さっぱり遡ってこねえ」

銀鱗を踊らせていっせいに遡る稚アユの群れはほとんど見られなくなり、豪快な水音をあげて釣り人を驚かせたサクラマスも消えてしまった、と藤村さんは嘆く。

「昔みでぇに、この川さヤマベ帰《き》ゃって来《く》っべがなあ……」

すっかり平らになった川面を見詰めたまま、藤村さんは溜め息混じりに、ぽつりと呟いた。

「あー、そのうち……戻って来っかもしんねぇ」

途端に、言いようのない寂しさが込み上げてきて、ぼくは意味もなく、その場に立ち上がった。

川風が強まり、岸へめくれあがって身体にまとわりついた。川面がざわめき、芒原が波を打ち、山から里に降りてきたアキアカネの集団が翅《はね》を煌めかせて舞い上がった。川原を刷毛でなぞったように、日が翳《かげ》った。見上げると、何処からともなく斑《まだら》雲が湧き、みるみるうちに青空の一角を埋めつくして脹れあがった。風にあおられたちぎれ雲が矢のように走りはじめた。まるで、押し寄せる魚影の群れだ。

ぼくはふと、海の匂いを嗅いだような気がした。

隠れイワナ

これで三度目だ。魚は一尾も釣れなかった。三度、同じ渓《たに》を執拗に狙った。当たり外れのない〝隠れ沢〟とみなしていた渓だった。

誰かが潜りこんで、ぼくを出し抜いたのだ。間違いない。そう確信したのは二度目の釣行からだ。

一度目は五月の終り、白濁した雪解けの流れが新緑を溶かして透明な輝きを取り戻した時季だった。

夏と見まがうような日差しが、谷底まで降り注いでいた。風のない、川虫が羽化するのに絶好の日和で、いやが上にも胸が騒ぎ、この日の釣果を約束されたかに思えた。

勇躍して毛バリ竿を振った。何処へ毛バリを落としても魚が銜《くわ》えてくれそうな気配が、谷あいの流れに満ちていた。

川面をなで廻すように毛バリを打ちこんでゆく。どんな些細な水面の変化をも見逃すものかと、一投一投に目を凝らした。

しなやかにラインは走り、森の緑を塗りこめた渓谷のしじまを切り裂いてゆく。ポツン、ポツンと毛バリが川面を穿《うが》つ。

朝の日が流れを煌めかせて眩しいくらい。こんな良い日はめったにあるものではない。そう呟きながら、渓を遡《さかのぼ》っていった。

きまって大型のヤマメが潜む岩のえぐれ。エサを掠《かす》め取ろうとイワナが外を窺っている、川岸のヤブに覆われた岩穴。そんな外れようのないポイントへ、しらみつぶしに毛バリを放りこんでゆく。

だが、何ひとつ反応はない。

もしかすると、ヤマメは緩い流れから早い瀬に躍り出て川虫を漁っているのかもしれない。そう思いなおして瀬に狙いを転じると、そのうちスーッと黒い影が岩陰へ走るのが見えた。やはり、いる。いないわけがないのだ。

毛バリを替えてみよう。魚は気まぐれだから、そのうち食い気を起こすかもしれない。それに、もう少し水温が上がれば川虫も飛びはじめる。そうなれば、いかに気難しい魚でもじっとしてはいられまい。そんなことを自分に言い聞かせ、あれこれと手立てを講じながら、いちだんと丹念に、執拗にポイントを探っていく。

だが、魚は姿をあらわさなかった。いや、又一度、岩陰へサッと逃げこむ影が目の端に映っただけだった。

あまつさえ、上流の〝とっておき〟とぼくが密かに呼んでいる、低い落ち込み続きの樹々に覆われた五百メートルほどの区間ですら、魚たちは毛バリを追うそぶりも見せなかった。この決めどころで魚影すら捉えられないのでは、もはや致し方ない。

〝腑甲斐ない〟という思いだけを抱いて、ぼくは帰途についた。


次は雪辱を果たす、と心に誓った。それまでも不漁の日がなくはなかったし、今さら雪辱だなどと意気ごむのも滑稽な気がしたが、この場合は特別であった。

というのも、あの川はいつ訪れても型が揃うし、いわゆる日並みによって釣果が左右されることの少ない、安定した釣り場でもある。

加えて、秘渓というか、他の釣り人と出くわすことなど滅多にない川で、林道は遠回りするように渓から離れており、川への降り口は崖際の急斜面に印《しる》された細い踏み分け道が一本あるのみ。それはしかも、見つけにくいヤブの中にある。

すなわち、「魚がいるのに釣れなかった」原因を自然条件と人為の双方に求めにくいとするならば、後に残るのは釣り人としての技倆《ぎりょう》不足ということになる。それゆえぼくは〝雪辱戦だ〟と意気ごんだ。けれど本心をいえば、自分の腕前を証《あか》すことなど、どうでもよかった。

日並みは悪くなかった。場荒れしたとも認められない。とすればなぜ、魚たちは頑なまでに沈黙したのか。そのことがどうにも腑に落ちない。あるいは、なにか思いもよらないことが起きたのか……。

ほんとうの理由を知らずにはいられないという気持ちが日増しに強まって、あれから一週間後の日曜日に出掛けることにした。

走り梅雨のぐずついた天気が、二、三日前から続いていて、その日のうちにまとまった雨がきそうな空模様だが、午前中はどうやらもちそうに見えた。

夜明けとともに渓へ降りるべく、一関《いちのせき》の家を発った。まだ起きだしていない瑞山《みずやま》の集落から産女《うぶすめ》川へ通じる道へと、車は大きく弾みながら駆け上り、半時後には例の川へ至る林道の車止めに到着した。

薄闇の中、露に濡れた草や灌木につかまって、急な踏み分け道をそろりそろりと降りてゆく。——と、踏み出した足がズルッと横滑りして危うく転落しそうになり、あわてて枝にしがみつく。そんなことを幾度か繰り返すと、身体《からだ》は雨に叩かれたようにぐっしょりとなった。

ようやく降り立った谷底には、ひやりとした湿った空気が淀んでいて、青白くぼうっと浮かび上がる流れとともに、夜の名残を漂わせている。

小鳥のさえずりが微かに聞こえてきた。曇り空のせいで、まだ夜明けとは思えない暗さだが、川面だけは意外なほど明るく、歩きやすい。ぼくは背のザックから竿を取り出し、それを右手に持って流れの中へ静かに歩み入った。

しばらく平らな岩盤状の川床を遡上した後、第一投は、流心の水をかぶった岩の下手《しもて》の緩やかなトロ瀬に決めた。抜き足差し足で岸辺に寄り、岩に半身を隠してから、白い毛バリをリーダーにきっちり結わえつけた。

ふわりと着水した白い点が流れに乗り、ぼくの胸がゴトッと鳴った。が、水面にはなんの変化も現われない。もう一度、さらにもう一度、同じ流れの筋に毛バリを振りこんだ。胸の高鳴りは消えていた。

すっかり明るくなった四方の森から、低く震えるような春蟬の声が一つ、二つ聞こえてきた。——と、たちまちそれに呼応して蟬たちが一勢に鳴きだし、波打つような合唱となった。雨にならないうちに鳴けるだけ鳴いておこうという腹なのだろうか。

蟬たちに急《せ》かされたような心地で上手《かみて》に移動した。そしてしばらくは丁寧にポイントを拾い、気を入れて竿を振りつつ遡っていった。
二、三度、毛バリを追って黒い影がスーッと出てきたが、すぐに岩陰に消えた。魚たちの反応といえる動きは、それだけだった。

いったい、どうしたことだ。魚はなぜ怯《おび》えているのか。これでは一週間前と同じではないか。——岸辺の岩に座って小休止しながら、ぼくは考えこんでいた。——もしかして、誰かが直前に竿を出したのか。でなければ、魚たちはこうも臆病な仕種を見せはしない。……けれど先行者の気配はないし、だいいちこの流域では人っ子一人見たことがない。とすれば、なぜ?

ぼくは竿をたたんで上流へ急ぐことにした。上流へ行けば何か手掛かりになるものが見つかるかもしれない。岩の上が濡れているとか、あるいは持ち物の一部が落ちているとか。

前へ、そして左右に目を配りつつ岩場を越え、瀬を渡り、壁をへずっては小一時間ほど歩き続けた。しかし判断の材料となるものは見当たらず、捜しものをするだけの遡行にも倦《う》んできた。

前方に、いくつもの岩が沈んでいる長い深場があらわれた。どうせ竿を出さないのだから、わざわざそんなところを渡ることはないと、ぼくは川縁《べり》から一段高くなった岸辺の木立の中へ足を踏み入れた。

そこは山際から湧水が滴り落ちてくる湿地帯で、一面に丈の短い草が生えていて歩きやすい。ところどころにはびこる蔓草を掻き分けて上手に進むと、ふいにヤブが途切れ、草地となった。その草地の中に点々と足跡が印されているのを見て、ぼくは思わず足を止めた。それは明らかに、人が草を踏みつけた跡で、ほぼ一直線に川岸まで続いている。踏まれた草がまだ濡れて光っていることからみて、足跡の主は今朝、それもつい今し方、ここを通っていったに違いない。

ぼくはただちに足跡をたどって川岸に出た。だが、足跡は流れの中に忽然と消え、上流を見渡してみても人影はない。しかも、目につく岩の上はまったく濡れていない。これ以上の追跡は無駄だ、とぼくは覚《さと》った。

渓を歩いてその痕跡を残さないのは、ほとんど神業だと言ってよい。それを易々とやってのけるこの足跡の主は、只者であるわけがない。それに、わざわざ川から離れてヤブ地を歩き、自分の足跡を人目につかないようにしているのも、他人から我が身を隠そうという魂胆があるからだ。

それにしても、なぜそこまでしなければならないのか。いったい誰の仕業なのか。ぼくは上流の方を見遣りながら、いつか正体をつきとめてやると念じていた。

三度目は、それから五日後の平日だった。雨が断続的に二、三日降って、昨日の午後にようやく上がった。釣り人なら、水位が落ち着く今日という日を見逃すはずがない。あの足跡の主は必ずやってくるという確信があった。

未明の暗がりの中、懐中電灯で下を照らしつつ渓へ至る崖道を降りた。谷底にはミルクを溶かしたような霧が沈んでいて、ねっとりと肌にまつわりついてくる。首筋や額から汗が噴き出し、拭っても拭ってもとめどがない。

足元が見えるようになるのを待って歩きだした。そして長い滑床を通り過ぎ、緩やかなトロ瀬で竿を出した。

半ば予期したとおり、魚たちの反応はなかった。というより、相も変わらず怯えたような、神経質な反応を示す魚たちが散見された。三、四十分竿を振ってそのことを確かめると、ぼくは竿をザックに仕舞って上流へ急いだ。

自分がこの渓に一番乗りをしたのは間違いない。なのに、先行する者が確かにいる。ということは、ぼくが一本しかないと思いこんでいた降り口以外にも入渓点が実在するとしか考えられない。もしあの降り口の上流に別の降り口があるとすれば、一番乗りをしようがしまいが、下手《しもて》から釣り上ってくる者を出し抜くことなど、わけもないのである。

岩を伝い流れを蹴って上流を目指し、そうしてどれぐらい経った頃であろうか、岩場の身の丈を超す大岩を乗り越えようと足を掛けたとき、その裏側から急に人影が現われ、ぼくは慌てて岩陰にしゃがみこんだ。胸がゴトゴト鳴っている。

そうっと首を伸ばして、人影の方に目をやった。背恰好からして老人と見受けられる男が、瀬に向かって、どうやら毛バリ竿を振っているようだ。

やはり、いた。この流域に潜りこみ、ぼくを出し抜いていた人物が。――が、どう話をつけたものだろう。この男はなにも罪を犯したわけではないし、出し抜いたといっても、それはぼくが別の降り口を知らなかったことにも起因する。川に痕跡を残さず他人の目を欺《あざむ》いた、と文句をつけたところで、それは欺かれるほうが未熟だからだと切り返されるにきまっている。せっかく追跡が成就したこの段になって、ぼくはハタと困ってしまった。

それにしても、この男は何者なのか、と思ったせつな、人影がサッと上流へ動きだした。速い。まるで猿のように岩から岩へ跳んでゆく。その敏捷さといったら、とても老人のなせる業《わざ》とは思えない。手拭いで頬被《ほおかぶ》りした上に麦わら帽子、足は地下足袋に草鞋《わらじ》といったいでたちで、竿を振り振り駆け登ってゆく。そしてみるまに銀鱗が躍り上がり、男の胸元へ飛びこんだ。

思った通り、只者ではない。どんな毛バリで、どのように釣るのか――にわかに興味が湧いてきて、ぼくはこっそりと跡をつけてみる気になった。ただし、こちらの存在を気付かれぬよう、川岸からやや離れ、ボサや小灌木の茂るヤブの中を行くことにした。

顔面に貼りつく蜘蛛の巣や、肌に突き刺さる野茨の棘に辟易しつつ、枝をはらいのけ、蔦をくぐり、高巻きを繰り返して男の跡を追った。たちまち汗みどろになり、息が切れるが、ちょっとでももたついていると、たちまち男の姿が見えなくなるので、一休みすることもできない。

そうしてようやく先回りしてじっくり観察できそうな高台を見つけ、そこの茂みの陰からそっと川原を見下ろした。

男は痩身で、顔が赤銅色に焼けている。歳のほどはここから見たのでは判然としないが、いかにも長らく山仕事に携わってきたという雰囲気を漂わせている。

だいぶ使い古した感じのごつい竿は、たぶん竹ではなくグラスロッドであろう。それを軽々と振り、太いラインを飛ばす。ラインの先端には大ぶりの毛バリ。繊細な仕掛けなど無用だといわんばかりの意志が伝わってくる。——と、水面でギラリと魚体が煌めき、飛沫が上がった。

男はそこからさらに百メートルほど釣り上ったところで岩陰に竿を立てかけ、流れを覗きこむような仕種をしてから平らな石の上にどっかと腰を下ろし、もう一度対岸の流れに目をやると、腰に吊るしてあった煙管《キセル》を抜き取り、きざみ煙草を詰めて、さも旨そうに吸い始めた。いまどき煙管とは恐れ入ったが、それはそれとして老釣り師の風格が滲み出ているように見え、渓の風景にもぴったりはまっている。

眼前の好ポイントを釣る風でもなく、ゆったりと川面を眺め、どんな思いをめぐらしているのやら……。薄い一筋の紫煙がくゆりのぼり、谷あいを漂ってゆく。

今が顔を出す潮時だと、ぼくが思ったそのとき、男はポンと煙管を岩に打ちつけて立ち上がり、近くの浅瀬に身をかがめて石ころを一摑《つか》みすると、対岸の狭い流れにポトンポトンと一つずつ落としこんだ。

それは乱暴に投げこむといった所作ではなく、そっと石を置くような仕種と見えなくもない。

いったい何をしているんだと訝《いぶか》りながら対岸の流れに目を凝らすと、そこには、長さ一メートルほどの岩が流れと並行にデンと腰を据えてほぼ水中に没しており、その岩の頭部と対岸との僅か十数センチの隙間は、岸辺まで垂れた枝葉にすっぽりと覆われている。おそらく、その隙間の下は懐の深いエゴになっているはずだが、そこに毛バリを振りこむのは無理だろう。

ぼくは、いったん下流の瀬に降りてから、わざと水音を立てて男に近づいていった。

そして偶然ここで出会ったという素振りで話しかけようと傍《そば》へ寄ると、男はじろりとぼくを一瞥し、いかにもぼくがあらわれるのを待っていたという顔で、黙ったまま横を向いた。そのあまりにも落ち着き払った態度に拍子抜けして、ぼくは「釣れましたか」などと、つまらない言葉を口走ってしまった。

男は口を閉じたまま、そそくさと竿をたたみ、こちらを見向きもせずに瀬を渡って対岸に上ると、崖に向かってヤブを掻き分け、とても登れそうにないと見える急斜面に取りつくや、灌木に摑まってするすると上ってゆき、生い茂る樹々の中に消えてしまった。

ぼくがこの渓で男に再び出会い、言葉を交わしたのは、それからおよそ二月《ふた》後の七月の最後の日であった。

梅雨が去って流れは少し細っていたものの、この日は第一投からきれいなヤマメが出、イワナの良型も次々飛び出した。それらを流れに返しつつ爽快な気分で遡っていくと、前方に人影が見えた。あの男が、先日と同じ平らな石に座って、又してもぼくが来るのは分かっていたという態度で、待ちかまえているのだ。

「しばらくでした。このあいだは、どうも……」

近くまでいってそう挨拶すると、男は、

「なんぼ釣れた?」

と初めて口を開いた。きょうは良く釣れて満足したと告げると男は、

「なんで、お前《め》ぇ、ビク持ってねぇんだ。魚、食わねぇのが」

と詰問するように言い、節くれだった手で顎髭《あごひげ》をなでた。ビクを持たないことについて説明するのはいかにも煩わしく、つい「食いたくねぇ」と嘘をついてしまった。老釣り師はその返事に少し当惑したらしく、どう受け答えしたものかと思いあぐねている様子であったが、ふと対岸の枝葉に覆われた辺りに目を移し、

「ちょっと、お前《め》ぇ、こっちゃ来《こ》」

と言って、例の岩と岸辺の隙間の方に向かった。その狭い流れから四メートルほど離れた岩の上に並んで腰を落とすと、男は水中を窺いながら、あの溝の流れをよく見てろ、絶対に声を上げるな、と厳しい目つきで言った。

何が始まるのかと眺めていると、男はそのままの姿勢で竿を横ざまに振り上げ、二度、三度素振りをして狭い流れに振りこんだ。毛バリがフワリと円を画《えが》いて着水した瞬間、それは素早く引き上げられ、再び同じ点にフワリと落下する。そしてもう一度、寸分たがわずそこに着水したとき、いきなり黒い影がユラリと浮上した。「あっ」と出かかった声を呑みこんで、ぼくは思わず立ち上がっていた。

イワナだ。どでかい大イワナだ。信じられないものを見た思いで立ちつくしていると、男は竿をたたみながら、

「あいづは、こごの主《ぬす》だ。誰も釣ることはできねぇべ」

と言って、初めて老人らしい薄笑いを浮かべた。

立ち去ろうとする男に、ぜひ名前を教えてほしいと頼むと、

「俺は、瑞山《みずやま》の佐藤源四郎だ。呼ぶときゃ、源でいい」

振り向きざまにそう言って、老釣り師はゆっくりと流れを渡り、対岸の山陰に消えていった。


九月も二十日を過ぎると、奥羽の山々はたちまち秋の気配に包まれる。林道の傍で山ブドウがたわわに実をつけ、山肌を埋めるブナやナラの木の中にはもう黄葉をし始めたものも見出される。そんな光景を目にしながら、ぼくはあの渓へ向かっていた。

源さんと言葉を交わしたあの日以来、三度あの渓へ足を運んだ。魚の出はいつも申し分がなかったものの、あの大イワナだけは姿をあらわさず、源さんにも出会えなかった。禁漁に入る前に、できたらあの大イワナを見ておきたい、ひょっとすると源さんに会えるかもしれない、とぼくは考えていた。

早朝、家を出たときは薄曇りと見えていた空は、山あいに入るにつれて暗さを増し、渓へ降りたとたんパラパラと降りだした。ここまで来て引き返すのも癪だと、濡れるのをかまわず竿を振っていると、小さなイワナが二尾釣れたところで本降りとなった。雨粒が穿《うが》つ無数の点が川面を被い、落ちた毛バリがどこにあるのか、ほとんど分からない。毛バリが見えないのは魚たちにしても同じらしく、それからはイワナもヤマメもまったく反応を示さなくなった。

いや、釣れないのは雨のせいだけではないかもしれない。もしかすると、源さん、すでに一仕事終えてしまったのだろうか。彼のことだ、ぼくが今日渓に入ることを察知して抜け駆けをしたとしても不思議ではない。こうなれば、ここでいったん竿をたたみ、あの大イワナの潜む岩場へ直行しよう、あの大イワナが顔を出そうが出すまいが、そこで切りよく、今年は竿を納めたい……。

九月下旬の雨にはやはり秋の冷たさがあって、首筋や衣服から雨滴が染みこんでくるにつれて季節の巡りを実感する。しかし、そんな雨にうたれて歩いていても、さほど寒いとも覚えず、雨具を持参しなかったことを悔いる気も起こらない。雨の匂いがしだいに体の中に満ちてゆき、爽やかささえ湧いてくる。

前方に、見覚えのあるブッツケの岩壁が見える。その下の大淵で川は左手に緩くカーブし、その先の〝どっておき〟の区間の上手に、あの大イワナは棲みついている。まったく、あのイワナはうまい隠れ家を見つけたものだ。あんな岩場の、ヤブに覆われた窮屈な穴倉に息をひそめているとは、誰だって思いもよらないし、あんな竿の出しづらいところにちょっかいをかけなくとも、周辺にはいくらでも良いポイントがある。

その岩場の手前にたどり着いたとき、ぼくの脳裡に迷いが生まれた。

この雨では、どのみち……。竿など出さず、源さんがやるように石ころの一つ二つ投げ入れて、あのイワナに挨拶していくほうが、気がきいているか。それに、あのイワナはもうとっくに、人の足音が近づいてくるのに気付いて聞き耳を立てている……？　いや、それは逆かもしれない。こんな日にはむしろ、水面を叩く雨の音に気をとられて油断しているのではないか。

対岸の狭い流れをじっと見つめていると、川上からサーッと音をたてて風が舞い降りてきた。流れの上の枝葉が揺れて水滴がしたたり落ち、辺り一面に飛沫が散った。

何か得体のしれないものにつき動かされて、ぼくはいつの間にかザックから竿を取り出し、その溝の流れを目掛けて振りこんでいた。――が、毛バリは長い岩の上に迫り出した枝に絡みつき、グイと引くと二、三枚の葉が千切れて流れに落ちた。やはり、あそこに毛バリを着水させるのは至難のわざだ。

ぼくは毛バリ容《い》れから大ぶりの毛バリをつまみ出して糸に結ぶと、もう一度、狭い流れを見つめ、腰を屈めて横ざまに振りこんだ。

風にあおられて毛バリは水面ではなく岩の頭にぶつかり、大きく弾んでその向こう側の流れに落ちた。一瞬後、毛バリが岩陰に隠れて見えなくなったそのとき、水面がふいに盛り上がり、ガクンという衝撃がぼくの全身を貫いた。

竿は弓なりになったまま微動だにしない。根掛かりでは、むろんない。とっさのことで、顎を振ろうか岩穴に潜りこもうか、まだ量《はか》りかねている。一気に動かないのは、修羅場をくぐり抜けてきた大物の証左だ。

竿を斜めに立てたまま耐えていると、やがて竿先が痙攣《けいれん》するかのように小刻みに揺れ始めた。痺《しび》れを切らした大イワナが、ついに動きだした。ぼくはゴクリと生唾を呑みこんだ。

グイッと引いて、糸を鳴らしつつ上手の岩場へ走り、流心の部厚い流れの中をがむしゃらに遡ってゆく。重い強烈な振動がガクガクと腕に伝わる。

黒い背鰭が水面上にあらわれた。なんという大きさだ。「この川の主だ」という源さんの言葉がちらっと頭を掠める。

魚は落ち込みの深いエゴに入ろうというのか、頭を左右に激しく振りながら突っこんでゆき、そうはさせじと竿を起こすと、反転して下流へ走り、ぼくはそれに引きずられて流れの中を駆け下る。

すぐ下手《しもて》は、勾配のある瀬がカーブを画いて続いている。そこへ走られる前に仕留めなければ――と、腰を屈めて竿を立てた。一瞬、魚の動きが止まり、ゴトゴトと竿先が揺れ、バサッと飛沫が上がって水面から青白いイワナの巨体が飛び出し、半分千切れた尾鰭がぼくの目に触れたとき、フッと音もなく糸が切れた。

大イワナはそれから二度、川面で身をくねらせると凄まじい速さで瀬を走り、下手の落ち込みに消えた。

右腕が痺れて鉛のようだ。喉が乾き、心臓が激しく高鳴り、足の震えが止まらない。

胸の底に、重く澱んだ悔いが沈んでいた。目に焼きついた、ぼろぼろの尾鰭が、イワナの怒りと哀しみを語っているようであった。

やっと落ち着きを取り戻してから、そっと周囲を見渡す。もしかして源さん、どこかで薄笑いを浮かべながら一部始終を覗いていたのではないか……いや、きっとそうだ。

白く煙った森が風に揺れてザワザワと鳴っている。雨はいつのまにか、どしゃ降りになっていた。

野辺送り

八月のお盆を過ぎたら、早々と冷たい秋の気配がしのびこんできた。今年の夏は暑い日差しはほとんどなく、雨の降る日が続き山あいの地域では、米は間違いなく不作だろうと、ささやかれていた。

アユ釣りも不調だった。

一度だけ、遠野《とおの》の猿ケ石《さるがいし》川で野アユを追った。七月の終りだった。やせ細った養殖のオトリアユを、いくら引いても野アユの追いはなかった。岸辺にぐったりと横たわり喘《あえ》ぐオトリアユが気の毒で、流れに放して竿をたたんだ。それきりアユ釣りに、出かけることはなかった。

秋晴れというのだろうか。九月に入ると青空がのぞく明るい天気の日が多くなった。釣りの期間は九月いっぱいで、釣りができるのも今月だけだった。魚が釣れなくても、川を歩いてみたかった。

無性に釣り竿を、振りたくなっていた。

寝坊をしてしまい、家を出たのは昼に近かった。テレビの深夜映画を、朝方まで見てしまったからだ。

どこへ行こうかといった考えもなく、なんとはなしに車は遠野方面へ向かっていた。猿ケ石川の中流域には、落ちアユを狙う釣り人がぽつぽつと見えた。町並みを抜け小烏瀬川《こがらせ》沿いに走ると、盆地の四方に広がる田んぼが日の光の下にあった。風にサラサラと揺れる実りのない稲穂は、ほっそりといかにも弱々しかった。

やはり米が穫れないという噂は、本当だったのだ。集落の道は人通りもなく、ひっそりと静まり返っていた。冷害の重苦しさが、暗く澱《よど》んでいるようでもあった。

黒っぽい小烏瀬川の流れが、目に飛び込んできた。どことなく、生気がないように映るのは気のせいだろうか。

川を眺めながら、ゆるゆると車を走らせていった。どこかで止まろうか。そう思いながら、なぜか竿を出す気になれなかった。

一軒の駄菓子屋があり、その脇から琴畑《ことはた》の集落へ通じる山あいの道が延びている。右手に折れた。琴畑川はどうだろう。少しぐらい雨が降っても水は濁らないし、魚の隠れ場となる淵や岩場の穴が、あちこちに点在している。もしかすると……。そんな思いが脳裡をよぎったのだ。

車の置ける路肩を見つけ車を寄せた。木立の中に、琴畑川の白い流れが見えた。

ヤブをかいくぐって川の前に抜け出た。流れは澄んでいたが、川岸の草地はすっかりなぎ倒されていて、大雨で川が氾濫したのは明らかだった。洗い磨かれた底石が、流れの中で白っぽい光を放っていた。

毛バリを結び竿を振った。

石まわりの緩やかな流れは、格好のポイントだった。丁寧に、油断なく毛バリの動きを追った。魚の気配はなかった。

この辺りは、必ずヤマメの一尾や二尾は出る場所だった。こんなはずはと、毛バリを放り続けていった。

思いつく毛バリを、いくつか替えてもみた。首を傾げながら、釣り上がっていった。見慣れた風景のはずだが、どこかいつもの雰囲気とは違っていた。

と、いきなりキューン、キョと頭上から甲高い鳥の鳴き声が降ってきた。姿は見えなかったが、ヤマセミだろうか。

川から上がった。木立を抜け、ヤブの斜面を這い上がり道に出た。

もう少し上手《かみて》を狙おうと、歩きはじめた。

日の光が山あいの深い森に遮られて、足元の道はほの暗かった。道が川に近くなると、林が途切れて視野が広くなった。

林の向こうに、ちらっと民家の屋根が見えた。琴畑の集落が近いのだ。

その時、ぞろぞろと人の列が、こっちに歩いてくるのが見えた。狭い道なので、端に寄って、行列が通り過ぎるのを待つことにした。

村人の誰かが亡くなったのだろう。お骨の箱を胸に抱えた女性を先頭に、黒い喪服の葬列がゆっくりと近づいてきた。

位牌を胸に掲げる者。提灯を吊るした笹竹を手にする男。白木の台に菓子などの供え物を乗せて運ぶ子供の顔もあった。

十数人の野辺《のべ》送りの村人たちは、黙々と歩き話し声ひとつなかった。

擦れ違う時、村人はぼくに向かって軽く頭を下げていった。慌ててぼくは、被っていた帽子を取った。はっと気がついた。釣り竿を手にしている姿は、この場合不謹慎そのものだ。握っていた釣り竿を、背中のうしろに隠した。ぼくは身をすくめるようにして、行列が通り過ぎるまで手の平を合わせていた。

女性が被った白い布の白冠布《はっかんふ》が林の陰に揺れていたが、そのうちに見えなくなった。

ぼくはひとつ大きく息を吐いて、村落の方へ歩き出した。

瀬音が聞こえてきた。川に入りやすい地点から川岸に下りた。流れに踏み出したら、スーと日が陰って薄暗くなった。

空を見上げると、青い空に真っ黒な雲が湧き出していた。雨になるのだろうか。

川幅が狭まり、流れに張り出す枝葉やヤブが多くなってきた。竿を振るのに邪魔だが、押しのけながら釣り上がっていった。

少し風が出てきた。魚の出る気配はなかった。流れの中に立ち込みながら、毛バリを振り続けた。魚の顔が見たかった。こうなったら、一尾だけでも釣り上げたかった。

しばらく行くと、川に丸太が一本渡してあった。村人が畑に通うための丸太橋だ。丸太を跨《また》いで越えた。

前方の流れに、どっしりと岩が腰を据えていて、その下が狭い水溜まりになっている。

数歩近づきひょいと覗いたら、ギクリと足が止まった。水溜まりに、ユラユラと黒い影が揺れていた。木の枝か、いや違った。イワナだ。でかそうだ。

イワナは、時々水面に浮いてきて大きな口を開けた。なにか、流れてくる川虫を食っているのだ。

水音を立てないよう、そっと後退りした。

人の気配を感知したら、イワナはたちまち岩の下にもぐり込んで、二度と出てこないだろう。毛バリは新しいのに、付け替えよう。

焦っているのか、きちんと毛バリが結べなかった。歯がゆいほど、時間がかかってしまった。

大イワナは、まだ定位置で漂っていた。

ゴクリと喉が鳴った。

腰を屈めて竿を振った。バサッと音がして竿先が、後方に引っ張られた。

舌打ちが出た。

背後の岸辺の葦《あし》に、毛バリを引っ掛けてしまったのだ。せっかくの新しい毛バリがボサボサになり、葦にからまった糸はチリチリに縮れてしまった。

慌てていた。糸をつけ足し毛バリを替えるのに、じれったくなるほど手間どった。

イワナが気がかりだった。

ようやく、毛バリを結び終えた。さぁ、仕切り直しだ。そろりと、水溜まりを窺った。

あいつは、いた。きっと、まだエサを食い足りないのだ。もたもたしてはいられなかった。一発であの水溜まりに、毛バリを放りこまなければならない。できれば、さりげなく、ふわりと毛バリを着水させることだ。

竿を握る手が、じっとりと汗ばんでいた。後ろにも頭上にも、障害物があった。頭を低くし前屈みで、毛バリを横から放り込んだ。

スルッと毛バリは、水溜まりに落ちた。

上手くいった。毛バリに目を凝らした。

ふわっ、ふわっと毛バリは揺れながら、イワナの鼻先にきた。イワナは顔をもたげると、ゆっくりとした動作で大きく口を開け、カポッと毛バリを呑み込んだ。

はっとして、腕を高く上げた。ゴクッという重い衝撃に、竿は大きく弧を描いた。

水飛沫と一緒に大イワナは、躍り上がって岩を飛び越え疾走を始めた。

荒々しく、すごい力だ。グイグイと上手へ糸を引っ張っていく。リールが悲鳴を上げた。イワナは生い茂る岸辺の葦目がけて、しゃにむに突っ込もうとしていた。

あそこに、もぐられたら一巻の終りだ。

ぼくは、イワナに引きずられていた。これ以上、走らせるわけにはいかなかった。

両腕で竿を握り踏ん張った。ゴゴン、ゴゴンと激しく竿先が揺れ、イワナは抵抗した。

くそっと、一歩足を踏み出した。

その時、足を乗せた岩が、ぐらりと傾いた。

あっという間もなく頭から流れに突っ伏していた。ズンと、激痛が走った。

水の中でもたつきながら、なんとか体を起こした。左手の親指のつけ根から、血がしたたり落ちていた。ズキン、ズキンと鋭く痛んだ。目の前のヤブの一角が切り払われ、笹竹の切り口が鋭利なナイフの刃先になっていた。そこに、手の平を打ちつけてしまったのだ。刺し傷のそばを静脈が走っていた。不幸中の幸いだった。もしも、と考えたら、ぞっとした。

なぜか右手は、しっかりと竿を握りしめていた。竿とリールは、どこも壊れていなかった。糸は切れ、とうに大イワナは逃げてしまっていた。

傷口を手ぬぐいで縛ったが、なかなか出血が止まらなかった。ズキン、ズキンと脳天を貫くような痛みが続いていた。

ここからなら、琴畑の集落は遠くないはずだった。なにか止血にいい薬はないだろうか。急いで川から上がり、ヤブを掻き分けて道に抜け出た。転倒した際、どこかにぶつけたらしく、びしょ濡れの体のあちこちが痛かった。どんよりした空に日差しは弱く、水に濡れたせいで肌寒かった。

集落は近かった。家が見えると、小走りになっていた。人影はなかった。もしかすると、あの葬儀に出ていて、誰もいないのではないだろうか。広い庭がある茅葺《かやぶ》きの曲がり屋に、転がるようにして飛び込んだ。

「ごめんください」と声を張り上げた。

土間の中は薄暗かった。

少しすると、目が慣れてきて土間の中が、ぼんやりと見えてきた。土間の隅に台所らしき流し台があり、竈《かまど》も据えつけられてあった。黒々とした柱や梁《はり》は、どっしりとした太さだ。家の中は、しんと静まり返っていた。

本当に留守なのだろうか。

ジンジンと傷が疼《うず》いていた。

ふと、奥から足音が聞こえた。

現れたのは、白髪の小柄な老婆だった。板間に正座すると老婆は、大きな目でじろりとぼくを見つめた。

ぼくは、釣りをしていて、転んで怪我をしたので、なにか傷につける薬が欲しいということを一気にしゃべった。何度も頭を下げながら、お願いした。老婆は、黙ったまま身じろぎもしなかった。ぼくは傷口を縛っていた手ぬぐいをほどいた。手ぬぐいは、流れた血で真っ赤に染まっていた。刺し傷は小さいけれど、まだ血は完全には止まっていなかった。

板間への上がり縁に近づいて、老婆がわかるようにと血で濡れた手の平を突き出した。

老婆はちらっと傷口に目をやると、立ち上がって奥へ消えた。すぐに胸に四角い箱を抱えて戻ってきた。箱は、赤十字マークのある救急箱だった。

救急箱の中から包帯やガーゼ、薬などを取り出すと、ここに座れと手招きした。

ぼくは老婆の前に、腰を下ろした。ぼくの手の平をつかんだ。老婆の筋くれ立った手はザラリとして冷たかった。

「危ねぇがったなぁ、も少すで太ぇ血管破ぐどこだった」

老婆は傷口を消毒し、ガーゼになにか軟膏を塗って貼りつけた。手慣れた手順で、器用に包帯を巻きはじめた。

「なぬもよ、こんな日に殺生することもねぇべよ。お前《め》ぇさん罰当だったんだべ」

こんな日とは、あの葬儀のことを指していて、亡くなった方の魂を弔う日に釣りをして遊んでいたのを、老婆は非難しているのだ。

ぼくは黙ったまま、うつむいていた。

「あんまりよ、悪さすっと、そのうちによ水神《すいじん》さまに生命《いのず》、取られっぞ」

強い口調で言うと、包帯で巻き終えた手の平を、ぎゅっと強く握った。

痛いと、思わず顔をしかめた。

じろりと、ぼくを睨《にら》んだ老婆は救急箱を小脇に抱え、さっさと奥の部屋の方へ歩いていった。待っていたが、どうしたわけか老婆はなかなか戻ってこなかった。

家の中は、物音ひとつしなかった。

手の平の傷の痛みは大分和らいでいた。礼を言って帰りたかった。

突然、ボンボンと柱時計が四時を打った。

「どうも、ありがとうございました。おかげで楽になりました。すみませんでした」

ぼくは奥に向かって、二度、三度大声を張り上げた。一寸《ちょっと》耳を澄ましたが、なんの声も聞こえてこなかった。

外に出た。周囲はもう薄暗かった。

雨になっていた。冷たい雨だった。

冬　漁

正月気分がようやく抜けた一月下旬、盛岡で情報誌などの企画編集をしている釣り仲間のSから電話が入った。

タウン誌の表紙に雪で埋まった渓谷の写真を使いたいのだが、そういう迫力あるポジフィルムを持っていないか、と言う。ひどく慌てている口ぶりだ。

カメラ担いで厳冬の渓《たに》をさまようなんて高尚な気分は持ち合わせていないし、そんなポジのストックもないと答えると、Sは、印刷日が迫って困っていると訴えた。ないものねだりをされては、こちらも迷惑だ。ぼくがそう言うとSは哀願調に声色を変えて、

「おい、なんとかならないか。助けてくれよ、なぁ、ガソリン代ぐらい出すから……」

と泣き落としにかかった。要するに、どこかの渓で手っとり早く撮影してきてくれ、というわけだ。

冗談ではない、手っとり早く撮影できると思うんだったら自分で撮ってきたらどう

だ、ガソリン代ぐらいでごまかすな……と喉まで出かかったが、その言葉は溜め息に擦り替わっていた。

たった一人で取材の段取りから原稿作成までをこなし、いつも少ない予算で締め切りに追われてきりきり舞いをしているSの姿を見ているので、助けてくれと言われると嫌だとも言えず、つい情にほだされてしまう。

やってはみるが、それほど気に入った写真は撮れそうもないから期待するな、と釘をさして電話を切った。


それにしても厄介なことになった。

Sがイメージしている雪一色の凍りついた渓の風景は、平野部や山里の川では得られない。それは、人家も道もない深山の冬の世界だ。どこで撮影したらいいのか。できるだけ無理をせず片づけてしまいたいが、その辺でお茶を濁すわけにはいかない。かといって、今はまだ林道が雪に埋もれているので、車ではとても奥へ入りこめない。あれこれ考えを巡らし、ぐずぐず出渋っていたら、一月も末になっていた。写真を渡す約束の期限が迫っている。とにかく腰を上げなければならない。

心当たりの場所がないわけではなかった。長らく通い慣れた西和賀の渓である。

「あそこなら、なんとかなる」と思った。

秋田県と隣接する和賀郡沢内村および湯田町を西和賀地方と呼ぶが、そこは岩手県でも屈指の豪雪地帯で、年によっては積雪が二メートルを超す。この西和賀地方を流れているのが和賀川の本・支流で、流域では三月になっても雪が降るし、谷筋から残雪が消えるのは五月に入ってから。

そんなところへ冬場に、しかも厳冬期の一月に入りこむなんて、これまで一度もなかったし、考えもしなかった。だから、「通い慣れた」ところとはいえ、いざ出かける段になると不安は消えず、どの地点からどこまで入りこめるかということさえ覚束ないのであった。

とにかく、無理なら引き返すこと、そして楽に撮影できるところを捜すことだ。そう自分に言い聞かせて、朝九時に一関の自宅を発った。

空は、べったりした灰色である。北上市で進路を西に変え、湯田町を経て雫石《しずくいし》町の鶯宿《おうしゅく》温泉に至る沢内村の村道、通称・沢内街道に入ると、上空はどんよりした鈍色《にび》となり、今にも降りだしそうな気配が満ちてきた。道路の両側には、除雪された雪がうずたかく積まれている。

道を行き交う村人はほとんど見かけない。村の家々、田畑、そして森や林は白い雪を被ったまま、冬の真っ只中にあった。静寂に包まれて、なにひとつ動くものはなく、いかにも凍りついたような風景である。

奥山では風が吹いているのか、遠くの稜線が時折、白くぼやけて視界から消える。もしかしたら、午後にでも吹雪がやってくるのかもしれない。

Sの頼みを安請け合いしたことを、もう後悔しはじめていた。

太田、猿橋を過ぎて、小坂から和賀川本流沿いの安ケ沢林道に入ると、すぐに数戸の安ケ沢集落が現われた。道は、ここで雪にふさがれて行き止まりとなる。そこには駐車スペースがないので、いったん街道に戻り、小坂のバス停の向かいの雑貨屋の前に、頼んで車を置かせてもらった。ここから徒歩で林道を上流側へ進み、降りられそうな地点で谷底をめざす心算だ。

厚手のセーターやパーカーを着てから、胸までの丈があるウェーダーを穿《は》くと、やけに体が重く感じられる。そのうえ、カメラ、レンズ、三脚、食料、水筒などを詰めたザックを背負うと、その重みがずっしり肩にのしかかる。だが、これらの道具や装備は、今日はどれひとつ欠かせない。

安ケ沢集落から先は見渡すかぎりの雪原となる。大きく波立つ白海原の中に、そこだけが平らに盛り上がった幅数メートルの筋が認められ、それが一本の線となって前方へ延びている。雪に埋もれた安ケ沢林道である。

最近、誰かがここを歩いたらしい、雪の上に点々と足跡が印《しる》されている。その足跡をなぞるように歩きだした。

サクッサクッと乾いた音がする。雪原は堅くしまっていて、意外なほど歩きやすい。しかし、日は陰っているのに雪の白さがひどく眩《まぶ》しい。ときどき風が唸《うな》りをあげ、そのたびに枝葉に積もった雪が舞って顔や肩に降りかかる。

杉林に沿ってしばらく歩いていくと、左手の林が切れる辺りから白く薄い煙が立ち昇っているのが見えた。行ってみると、杉林を背にして藁葺きの粗末な小屋が立っていた。

屋根の下に、粘土で固めた窯がある。炭焼きの窯だ。小屋の周りには、きちんと切り揃えた薪が積み重ねてある。

かつて沢内村にはこのような窯がいくつもあった。農閑期の副業として炭焼きは一時、盛んに行われていた。けれど、この頃はほとんど炭を焼く人がいなくなり、こんな光景もまるで見られなくなった。

誰かいるのかと思って声を掛けてみたが、返事はなかった。窯の焚口に回ってみると、そこには出っ張った庇《ひさし》があって、窯をすっぽりと覆《おお》っている。入り口に吊るされたゴザを押しのけて中を覗いてみた。暗くて判然としないが、人が休めるほどの空間があり、隅のほうに食器や毛布などが雑然と置かれている。

この炭焼き小屋を境に、上流側には人の足跡がまったくついていない。ここまで印された足跡は、この小屋に通っている村人のものらしい。

獣の小さな足跡が左手の雑木林の中へと続いており、それが消える辺りからザーッという音が微かに届く。和賀川の流れの音だ。

もしかすると、この付近でも撮影ができるかもしれない。そう思って林の中に入りこんでみたら、たちまちズボッと足をとられた。吹き溜まりはことに雪が深い。よろけながらも斜面を降りていくと、雪庇が崖際から渓へ張り出していた。これをうっかり踏み砕いてしまったら、谷底へ真っ逆さまだ。木に掴《つか》まってこわごわ身を乗り出し、下を見た。谷あいの雪を割って流れる、細い灰色の川が望まれた。これでは迫力に欠けるし、構図が貧弱でどうにもならない。

谷あいを上から覗いたのでは、川の一部しかファインダーに入らない。ダイナミックな風景を撮ろうとするなら、やはり渓まで降りなければならないのである。

どこか降りられるところはないか。崖っぷちを右往左往し、斜面を横切って捜したが、どうにも見つからない。「なんとかなる」などという甘い考えは、吹っ飛んでしまった。それに、時刻はもう十二時をとうに回っている。ゆっくりしてはいられないのだ。

汗だくになって雪を掻き分け林道に戻ると、ぼくは昼飯のパンを齧《かじ》りながら上流側に向かって歩いていった。そうして一時間近くも進んだときようやく、雑木林がなだらかに傾いているところが見つかった。この斜面を降りていけばどうにか渓にたどり着ける、と思われた。

ザックから三脚を取り出し、それを杖にして雪面に突き刺しながら一歩一歩、下っていった。どれぐらいの積雪があるのかは分からないが、踏み出す足は膝まで雪に潜ってしまう。滑り落ちないよう足元を踏み固めながら進むので、歩みはのろい。しだいに呼吸が激しくなって、息が切れる。風で飛び散った雪がときどき全身に降りかかるが、避けるすべはない。

ふいに、流れの音が高く響いてきた。斜面はそこから五十度前後の角度で落ちこんでいて、その下を川が勢いよく流れていた。ぼくはその急斜面を横向きになっておそるおそる降りてゆき、ようやく岸辺にたどり着いた。

雪の上にザックと三脚を置き、息を整えてから渓の奥に目をやった。

両岸は切り立った岩場。流れに点在する岩は、綿帽子のように雪をかぶっている。

低い山々が上流部へと連なり、はるか彼方に和賀の山塊がどっしりと鎮座している。

ここからなら、どうにか絵になる風景が撮れそうだ。できたら川に立ちこんで、あの山塊を真正面からとらえる構図にしたい。

だが、川岸は一メートルを超す雪の壁になっている。それに、流れは深く強そうだ。簡単に降りられそうもないし、降りられたとしても、うっかり転倒してカメラを水没させでもしたら、それこそ一巻の終わりだ。

まずは川岸から撮影しようと、ザックからカメラを取り出し、雪の壁ぎりぎりに接近して三脚を立てた。こうして初めの数カットをものにした。

それから三度ばかり移動して、それぞれ数カットずつ撮影し、最後に少し高い位置から狙ってみようと、雪が盛り上がった岩場の上に這い登っていき、三脚を立ててファインダーを覗いてみた。すると、これまでになく納得のゆくアングルが眼前に広がっていた。

さあ、これでおしまいだ、帰りは温泉でゆっくりしていけるぞとほくそ笑んでシャッターを押した。が、この一枚を撮ったところでフィルムが切れてしまった。

新しいフィルムは、下に置いてあるザックの中だ。それを取りにいこうと、後ろ向きになって下へ二、三歩降りかけたとき、右足がストンと落ちて体がぐらりと傾き、そのまま横倒しになって雪の壁から川へ滑り落ちた。ザーッという音とともに水しぶきが上がり、右の肩や顔半分水につかっていた。

あわてて起き上がり、雪の壁につかまった。落ちたところは水深が膝ぐらいの浅場であった。しかも岩にぶつかることなく、怪我はまぬがれた。カメラも上に置いてある。

それにしても、冷たい。痛いほど冷たい。

ウェーダーから水がたっぷり入りこんだばかりか、胸元から入った水が厚手のシャツや下着にまで染みこんでいる。たちまち猛烈な寒さが襲ってきて、全身に震えがきた。

腕時計をみると、午後三時を過ぎている。車止めまで、急いでも一時間半近くはかかるだろう。もう一刻も猶予していられない。

ぼくはカメラにフィルムを装塡して岩場の上でさらに三度シャッターを押すと、ザックを担いで川岸の急斜面を登りだした。

曇天とはいえ午後になって気温が上がったらしく、雪質が少し軟らかくなっている。不用意に足を運ぶと靴がズルッと雪にめりこみ、下へ滑る。こんなとき雪がちょっと崩れただけで雪崩を誘発し、それに自分が巻きこまれることもあるのだ。

川岸を登りきって雑木林の斜面に出た。川の音がふっと途絶えて、耳の中でゴーッと風が鳴りだした。身を切るような冷たい風にのって、雪がチラチラ舞っている。さっきまで見えていた源流域の山の端が、もう灰色に霞んでいる。

立ち止まっていると、寒さが足元から這い上がってきた。まるで氷づけの靴を履いているようだ。ひどい寒さから逃れようとして、ぼくはしゃにむに斜面を上っていった。

わずか百メートル前後の距離なのに、途方もない時間を費やしたような心地でやっと林道にたどり着いた。くたくたに疲れていたが、ここで一休みする余裕はなかった。雪が横なぐりに降りだしていた。

小坂の車止めをめざして先を急いだ。いや、急《せ》いているのは気持ちだけで、かじかんだ足はもつれ、どうにも進まない。そのうえ、耐えきれないほどに寒い。背筋といわず手足といわず、しきりに震えが走り、歯がガチガチとはげしく音を立てる。顔にあたる雪が解けるのか、それとも涙が滲み出るのか、頬がびしょびしょに濡れている。

ひたすら足を前へ運ぼうとした。それ以外に、なにも考えることができなくなっていた。時折、凍傷とか遭難などという不吉な言葉が意識にのぼった。だが、それだけのことだった。連想というものがまるで利かない。

もうろうとして歩き続けていると、右手に見覚えのある風景が現われた。杉林を背にして立つ藁葺きの小屋だ。炭焼き窯から出る煙が、おりからの風にあおられてほぼ

る様子だ。小屋の主《あるじ》が薪を運び入れている。小屋の主が薪を運び入れてい
真横になびき、黒い人影が雪の中に見え隠れしている。小屋の主《あるじ》が薪を運び入れている様子だ。

　ぼくの足は、ひとりでにそこへ向かっていた。なにか救いになるものを当てにしたのかもしれないが、意識はおぼろだった。

　やがて気付いたらしい、小屋の主は急に動きを止め、さも驚いたという顔つきでこちらを凝視した。

　不精髭が伸び放題の丸い顔。ずんぐりした体つき。かなり薄くなった白髪頭に手拭いを巻き、両腕に数本の薪を抱えて、じっと立っている。近づいてその男にペコンと頭を下げると、いきなり、

「お前《め》ぇ、釣りか」

　という言葉が返ってきた。

　いや、釣りではないんです、冬の渓の写真が撮りたくて……と言おうとしたが、口がこわばって言葉にならない。それでも、川に落ちて水をかぶってしまったと震えながらも話すことはできた。男は、分かったのか分からないのか、黙ったまま立っている。

　また、歯がガチガチ鳴りだした。立ち止まっているのが耐えられなくなり、ぼくは小さく会釈してから林道へ向かって歩きだした。すると背中に、

「おい、こっちさ入れ」

と呼び掛ける男の声が飛んできた。

その声に飛びつくように、ヨロヨロと男の後について、入り口のムシロを上げて小屋に入った。とたんに、ほんのりと暖かい空気に包まれた。

薄暗い小屋の真ん中に、地面を掘っただけの囲炉裏が切ってあり、一塊の炭が赤々と燃えている。「あー」と声を上げて、ぼくは炭火の前に屈みこんだ。

「早く服ぬいで、乾かしたらいいべ」

叱りつけるような口調でそう言われて、慌てて立ち上がり、ザックを下ろしてウエーダーを外すと、ぐっしょり濡れたシャツからズボン、下着、靴下まですべてを脱いで素っ裸になった。それでも震えが止まらず、また炭火の前にしゃがみこんでしまった。なぜか、ショボショボと涙がとまらない。

「ホレ」と言って小屋の主がドテラを投げて寄こした。汗臭いような焦げ臭いような、だいぶ汚れた綿入れだが、それを羽織ると、じんわりと温もりが伝わってきた。

囲炉裏に炭がドッと焼《く》べ足されて、バチッ、バチッと火花が散った。やがて赤い炎が上がって燃え盛り、それに手をかざしているとようやく人心地がついた。火というものがこんなにも有難いものだとは……そう言って、ぼくは小屋の主に幾度も頭を下げた。

濡れそぼったズボンや下着などを囲炉裏の周りに置いて乾かしながら、あらためて小屋の中を見渡した。

窯の焚口の横に板が敷かれていて、その上にせんべい布団と毛布が畳んである。その傍らに食器類や鍋、ヤカンが、そして入り口の近くには酒の瓶が数本ころがっている。どうやら小屋の主は、ここに寝泊まりして炭を焼いているようだ。

ほっとしたら、空きっ腹が鳴りだした。ザックからパンとジュースを出して、ひとつどうかと勧めると、切り株に腰を下ろしていた主はつと立ち上がり、隅に置いてあるダンボール箱から焼酎の小瓶を取り出して、俺はこれがいいとばかりに、ちょっと高く掲げてみせる。それから、また切り株に座り、旨そうに飲みだした。

外は吹雪になったらしい。入り口のムシロの隙間から時折、雪が舞いこんでくる。

主は黙ったまま、目を細めて飲んでいる。こっちが切り出さないかぎり、口を開かない。それでもアルコールが効いてきて、ぽつりぽつりと喋りだした。

「家にいてもよ、なぬもすることねぇ。だがらよ、炭焼きしてんだ」

住まいは小坂から少し上がった待田の集落だという。待田から安ケ沢までは息子が車で送ってくれるが、そこから一キロ半のこの小屋までは、荷を担いで雪道を一人で歩いてくる。炭の窯出しの前日はもちろん、「帰るのがいやなとき」は何日でも、小屋に泊まる。食い物には不自由するけれど、ここにいれば誰にも気兼ねすることがないし、文句も言われない。それに酒さえあれば、ここは極楽だ。そう言って主は、やや寂しげに笑った。薄暗がりの中で、目尻に刻まれた皺が深々と見えた。

どんな事情があってここにくるのか、それは聞くまでもなかった。「帰るのがいやなとき」という言葉が、この人の境遇をはしなくも示唆していた。おそらくこの小屋は彼にとって、ただ一つのまともな居場所なのだ。

主は焼酎の小瓶をとっくに飲んでしまい、こんどは四合瓶に手をかけていた。目がとろりとして充血している。炭火の熱を浴びて、ことさら酔いが回ったようだ。

煤けた天井から、飴色をしたイワナが二本ぶら下がっていた。エラに紐を通して天井の横木に吊るし、囲炉裏の炭火でじっくり焼き枯らしたものだ。二匹とも三十センチを超す大型で、胸鰭も尾鰭も大きく、見るからに天然育ちだ。

イワナが吊るしてあることは、さっき、主が立ち上がって焼酎を取りにいったときに気が付いた。だが、口に出すのはためらっていた。この冬場に獲ったものだとすれば、それは密漁にほかならない。咎め立てするのは恩を仇で返すようで、気がひける。

それにしてもなぜ、この人は出会い頭に「お前《め》ぇ、釣りか」などと聞いたのか。自分も釣りをするからだろうか。いいや、この寒中に釣りでもあるまい。イワナは去年の秋に釣ったものか、あるいは誰かにもらったものかもしれない。

ぼくは、乾いた下着やシャツをまといながら、それとなく尋ねてみることにした。

「このでっけえイワナ、どこで釣ったの？」

すると主は、上目遣いで天井をちらっと見たきり、眠たげな顔をして黙ってしまった。聞こえなかったのではない、あまり話したくないのだ。

「こいつは、和賀川のイワナだな」

と水を向けてみた。

「お前《め》ぇ、イワナ釣りすんのか」

二度も同じことをボソッと言って、主は囲炉裏の炭をいじり始めた。ぼくは、昔から西和賀の渓に入りこんでイワナを釣っているが、このごろはあまり釣れなくなって……などと、つまらぬことをぐだぐだと話した。それからひとしきり沈黙が流れ、主がふと、

「和賀の川にはよ、もうでっけえイワナはいねぇよ」

と言って、コップに残っていた焼酎をグイッと飲んだ。この大イワナについてはもう喋りたくないというそっけなさだ。したたかな釣り人の胡散臭《うさんくさ》さとずるさが、それ

となく匂った。

ゴォーと風が唸り、入り口のムシロがバタバタと揺れた。外に目をやると、雪の野面が薄く藍色に染まろうとしている。もう日暮れが近づいているのだ。

小屋の主は、切り株に座ったまま、うつらうつらしはじめた。ぼくは身仕度を整えてからザックを背負い、彼の背中にドテラを掛けて、耳元で、

「帰りますから。いろいろありがとうございました」

と小声で言った。主は目をつぶったまま、二、三度小さくうなずいた。


苦労の甲斐があったと言うべきか、Sから依頼された写真はまずまずの出来であった。現像したフィルムを手渡すと、Sは「お前は神様だ、仏様だ」などとおだてて手を合わせた。命取りになりかねないアクシデントがあったとは、つゆ知らずに。

撮影に行ってから一週間後の二月初旬。ぼくは一升瓶を携えてあの炭焼き小屋を再訪した。危ないところを救ってくれた小屋の主《あるじ》に、あらためて礼を言いたかった。

その日は暖かで風もなく、安ケ沢集落から雪道をゆくと、和賀の連山が青空にくっきりと稜線を画いているのが望まれた。軟らかくなった雪に靴がめりこんで歩きにくかったが、それでも四十分ほどで小屋にたどり着いた。

小屋は静まり返っていて、窯から煙は上がっておらず、人影もない。だが、声を掛けて小屋を覗くと、囲炉裏に炭火がおきていて、ヤカンから湯気が立ち昇っていた。主はおそらくその辺にちょっと出掛けていて、すぐに戻ってくるものと思われた。

小屋のぐるりを回ってみると、裏手に人の足跡がついていた。その足跡は雑木林の斜面へとまっすぐに続いており、彼がこの林の中にいることが見てとれた。

ただ待っているのも退屈なので、ぼくは足跡をたどってみようと林の中に踏みこんでいった。そのときゴソゴソと下の方で動くものの気配がして、誰かが這い上ってきた。全身雪にまみれた小屋の主だ。右手になにか、ぶら下げている。イワナだ。雪面に尻尾がつかんばかりの大イワナだ。

やっぱり――。ぼくは声を掛けるのも忘れて突っ立っていた。彼は十数メートルの距離に近づいて初めてこちらに気づいたらしく、一瞬ギクッとして足を停めた。が、ぼくが軽く頭を下げると、

「なんだ、お前《め》えか」

と無愛想に言ってまた歩きだし、そのまま小屋の方へさっさと行ってしまった。

ぼくは慌てて後を追い、ムシロを上げて小屋に入ると、「先日はお世話になって……」と礼を述べ、土産の一升瓶を差し出した。彼は「あー」と応えて、ちらっとそ

れに目をくれたが、妙によそよそしく取りつく島もない。密漁の現場を見られたことで、気まずくて仕方がないのだ。

それが互いの溝になっているのなら、埋めるしかない。ぼくは腹を決めた。切り株にのっているイワナを指差して、きっぱり言った。

「すっごいイワナだ！」

彼はジロリとぼくを睨んだが、悪びれた様子はなかった。

「いるんですね、まだそんなヤツが」

イワナは切り株からはみ出て、頭と尻尾がだらりと下がっている。おそらく体長四十センチはあるだろう。表面には黒いサビがまだ浮いているが、よく太っていて、猛猛しい面構えだ。

主は黙ってその大イワナを手で摑《つか》み、もう一方の手に庖丁を握って外へ出た。そして間もなく、腹わたを出してもどってくると、囲炉裏の上に天井から平らな網を吊るして、その上にイワナを載せた。こうやってゆっくり時間をかけて炭火であぶり、焼き枯らすのであろう。

彼は囲炉裏に炭を足してから切り株にどかっと腰を下ろし、ぼくがもってきた一升瓶の口を開けて茶碗に注ぐと、それを一気に飲み干した。

いた彼の表情を見て、ぼくはほとんど聞こえないほどの小さな溜め息をついた。ようやく警戒を解

「旨ぇな、この酒」

そう言って舌舐めずりし、今度は茶碗をゆっくりと口に運んだ。ようやく警戒を解いた彼の表情を見て、ぼくはほとんど聞こえないほどの小さな溜め息をついた。

それにしても、彼はいったいどこから、どのようにしてこんな大イワナばかりを釣ってくるのか。そこに話の的をしぼろうと狙いさだめて、切り出した。

「このあいだの二匹のイワナも、でっけぇイワナでしたね」

「置き鉤だがらよ、うめぇぐいぐんだ」

「置き鉤？」

「うん、昔はよ、置き鉤ででっけぇイワナっこ、いっぺぇ捕れたもんだ」

「なんじょして、さっぱり捕れねぐなったんですかね、このごろ」

「んだなぁ、やっぱぁ、釣りっこするもんが増えで、年がら年じゅう川さ入るべ。ほんでよ、小せぇのもぜんぶ持っていぐがらだな。どいづもこいづも、素人ばかりだ」

置き鉤の漁法は禁じられている。二月の釣りも禁漁破りにほかならない。それを知りながら、彼は禁を犯している。あまつさえ釣り人の盲点というか、あまり触れられたくないところを出しぬけに突いてきた。

釣りをする者の欲には限りがない。だから、漁法や漁期などに規則を定めているの

は分かる。けれど、そんなふうに個々人を縛ってみても、イワナは逆にどんどん減ってしまったではないか。自分はそんな間尺にあわない規則など認めないし、昔も今のその埒外にいるのだ、と小屋の主は暗に言いたいのである。ぼくは返す言葉もなく聴いているしかなかった。

茶碗に酒を注ぎながら「誰にもしゃべるな、いいな」と念を押し、彼は自分の穴場や置き鉤のコツについて語りだした。とたんに、ずる賢い釣り人の顔になった。

――炭焼き小屋の裏から雑木林の斜面を下っていくと、ちょっとやそっとでは分からないが、渓に降りられるところが一か所だけある。そのルートを伝って降り立ったところに、深い淵がある。そこが、冬場のイワナの溜まり場なのだ。

夕方、一抱えもある石を重しにして糸をゆわえつけ、その先に鉤を結んでエサをつけて淵に沈めておき、翌日の午前中に引き上げる。エサはドジョウかカジカが一番、なるべく生きているものを使うことだ――。

このようにして小屋の主は、自分の命をつなぐためにイワナを捕る。あるいは、ささやかな楽しみとして雪の渓に通う。それは密漁というより冬の漁とでも呼ぶべき、やむにやまれぬ営みであった。

二時間近くたって話が途切れたのを潮に、ぼくは切り株から腰を上げ、これで帰り

ますと言った。すると主はヨロヨロと立ち上がり、入り口まで送りにきて、

「旨ぇ酒、悪がったな」

と言うと、「あっー」と呟いて小屋にもどり、少しして新聞紙にくるんだものを両手に抱えて出てきた。焼き上がった、さっきの大イワナだ。

持っていけと勧める主に、ぼくは手を横に振って「いらない」と仕草で示した。すると、彼はちょっとばつが悪そうに顔を伏せた。

せっかくの食糧をもらうわけにはいかないんだ、と伝えたかったのだが、彼の受けとり方は違っていたようだ。歩きだしてから、それにはっと気付いてぼくは後ろを振り向いた。小屋の主はまだムシロの側《そば》に立って、じっとこちらを見ていた。ぼくは手を振って、心の中で「また来ます」と呟いた。


あの人が亡くなったと聞いたのは、翌年の秋、十月も末になってからである。ぼくはそうとは知らずに彼に会いにゆき、炭焼き小屋が荒れ果てているのに驚いて、村人に消息を尋ねたのであった。

夫婦ものらしい二人が稲刈りの手を休めて、こんなふうに語ってくれた。

「あー、あそこで炭焼きしとった、あのじいさんか。あー、知ってる。じいさんな、

今年の冬、二月だった、雪ん中で倒れてたんだ。ほんで息子が見つけで担いできて、病院さ走ったけんど、間に合わねがったんだど。脳溢血だ。あんな寒いどぎ、炭焼きやめればいがったのになぁ……」

話を聞いた後、ぼくは炭焼き小屋に戻った。そして裏手から雑木林のヤブを潜って渓へ降りていった。崖際の急斜面に、踏み分け道らしいかすかな跡があり、それをたどってゆくといきなり、眼前に川の流れが広がった。

対岸近くは比較的浅く速い水流となっているが、こちら側は屹立した岩壁が川を半ばまで塞《せ》きとめていて、その前方で水が長い円を画いて回っている。岸辺が大きく抉《えぐ》れているらしい、いかにもふところが深そうだ。

間違いなく、ここが和賀川の大イワナのひそむ淵だ。あの人が秘密にしていた自分だけの漁場《りょうば》だ。もうじき冬がくれば、ここにイワナたちが溜まる。けれど恐らく、雪を踏んでここに降り立つ人はもう誰もいないだろう。

ぼくは崖の中途の平らな岩に腰を下ろして、淵を見下ろしていた。青白く分厚い水がゆったりと左回りに回っていた。それはけっして途切れることのない、匂うような流れだった。

底なし淵

奥羽の山並みに、うっすらと薄紅が差しそめた九月の下旬、ひとり西和賀の渓《たに》へ向かった。そろそろ山釣りの終る季節で、今日が竿納めと心に決めていた。

北上から秋田へ通じる一番列車の乗客はまばらで、大きな荷を背負った行商が目についた。列車はのろのろと、水田地帯の平野部から次第に、峡谷を抱えた山あいに入ってゆき、やがて山裾にある小さな駅に停まった。陸中大石駅、そこで降りたのは、ぼくだけだった。冷気を含んだ朝もやが周囲をしっとりと包んでいる。寒いくらいだ。

駅員が人さし指を上下させて、これかねと笑った。

「お茶でも飲んでいけぇや」

親切に誘うので、遠慮なしに駅室に入りこんだ。

薪ストーブが赤い炎を上げている。この辺り、秋ともなると朝晩の冷えこみは激しく、暖房なしではいられない。思わず、薪ストーブの温もりに手をかざしていた。

白髪まじりの駅員も釣りが好きらしく、薬缶《やかん》の湯を急須に注ぎながら大物を釣り上げた自慢話をしはじめ、しまいには、これからここへ行けとしきりに勧める。

「誰にもわがんねぇ、穴場だぞ」

うなずいてはみたものの、とうにその場所は知っていて、何度か足を運んでいた。旨いお茶の礼を言って外に出る。熊がよくあらわれるから気を付けろ、という声に手を振って答える。

駅の坂道をちょっと下ると、低いなだらかな山際に、ひとにぎりの集落が肩を寄せている。山村の朝は音もなく、ひっそりとしているが、煙突から立ち昇る煙に村人がすでに起きている気配がある。

何年も利用されていない林道は荒れていた。ところどころ、窪地に水が溜まっており、それを飛び越えながら先へ進む。崩れ落ちた土砂と岩で、道が半分ふさがれた場所もある。

およそ一時間も歩いただろうか、林道が切れると急に瀬音が近くなり、低いガレ場を降りると青く澄んだ沢の流れにぶつかった。

流れには、杉の丸太が一本かけてある。丸太の橋を渡り、勾配のきつい山の斜面を登ると、前方の樹林の中にかすかな仙道が延びている。

日の届かない木立の下を歩いてゆく。足元から枯草の匂いがまつわりつく。山腹を巻きながらしばらくゆくと樹間から白い流れがあらわれてくる。熊笹や灌木を伝いながら谷底に降り立つ。渓を渡る冷ややかな風が秋の訪れを告げている。谷川の流れは、日が陰っているせいか、谷筋は薄暗く、せせらぎに煌めきがない。

もう落ち葉をのせている。

しゃがみこんで流れを掬《すく》い、顔にたたきつけてから上手に向かう。と、目の前に茶褐色の影が飛び出し、岩の上にチョコンと乗る。リスだ。目が合うと、あわてて何かを胸に抱えて木立の中に消えていく。

巨岩が流れを二分し、緩やかなトロ瀬と落ち込みを作っている。

竿を取り出し仕掛けを結びミミズをつけ、瀬尻にソッと流しこむ。目印が揺れ、止まり、すかさず合わせるとグイッときて、ゴトゴトと底に持ってゆく。しぶきと一緒に、まだサビの浮いていない太ったイワナが手元に躍りこむ。一寸、手が震え、胸がざわつく。

しみ一つない魚体。白点が眩しい。かたわらの石ころで頭を一撃して、しめる。熊笹の葉を数枚しごいてビクの底に敷く。

上るにつれ、ゴロゴロした岩場が多くなり流れは細くなる。小さな落ち込みが段々畑のように続いている。

どこでも、イワナのたしかな応えがあった。それを一つずつ胸に刻みながら釣り上ってゆく。

昼までに、型の良いのだけ十五匹ばかりビクに収める。今日はもう、これでいい。

座り具合の良い岩場を選んで、リュックサックを下ろす。石を並べてかまどを作ると、流木や枯枝を集めて火をおこし、湯を沸かす。コーヒーの香りがあたりに漂う。

カワガラスが、チッチッと忙しそうに飛び去ってゆく。釣ったイワナの腹をさき、わたを抜く。

帰途、杣道《そまみち》から林道に出ると、アキアカネの舞う、高く澄んだ青空があった。

村里の近くで、老人が一人、薪にする雑木の枯枝を集めている。

「釣れだがやぁ」

ひとなつっこく近づきビクを覗いて、老人はまあまあだなぁとうなずく。一服したいらしく、樹の切り株にぼくを腰かけさせる。

じいさんは、ぱっくりと口の開いた紫色のアケビの実を二つ、ぼくの掌にのせてくれた。舌でまさぐると、とろりとした芳潤な甘さが口いっぱいに広がる。

じいさんは元猟師で、足腰が弱くなってからは熊撃ちはやめ、もっぱら鳥や小さな獣を獲るのを楽しみにしているという。昔、西和賀の地に今は滅んだ、熊撃ちの集団があった。ひょっとすると、じいさんはこの「沢内《さわうち》マタギ」の末裔かもしれない。

「お前《め》ぇさん、なんぼでっけぇ、イワナっこ釣ったことある？」

出し抜けに、ニヤリとしながら、じいさんは語りだした。

秋も深くなったある日、じいさんは山鳥を撃ちにいった帰りの渓で、どえらいものに出くわした。岩場の上から何気なく淵をのぞいたら、丸太ん棒が浮いている。よく見ると、それがゆらゆらと揺れている。

「たんまげたな、そいつぁイワナっこだった。鉄砲ぶっぱなしたが、なんともねぇ」

イワナは悠々と淵の底に消えていった。

「んだなぁ、あいつは二尺ときかねぇ。ん、三尺あったかもしんねぇ。あいつは、イワナっこの化物だなぁー」

ぼくはゴクリと唾を呑みこみ、膝を乗り出した。じいさんの語り口に嘘はないと思った。すぐに地図を開いて、ぜひその場所を教えてほしいと懇願した。みっともないほど、声はうわずっていた。

そこは、和賀川の上流部であった。岩壁の屹立した通らずの峡谷が、上流への遡行をはばんでおり、目指す渓へは、水位の低い時季にそこを渡渉し山を越えてゆかねばならない。そこはまた岩盤が抉《えぐ》れた、深い底なしの大淵で、昔はもっと滝は高かったが、いつしか岩が崩れて低くなったという。

じいさんは、丁寧に目安になる岩壁や山越えの道を地図に記してくれた。何度か、その付近へは足を運んでいたので、だいたいの道順はつかめた。

春が待ち遠しかった。

西和賀地方は豪雪地帯である。年により積雪は二メートルを超し、村里で土の香をかぐことができるのは四月になってからである。この時季、深山渓谷はまだ雪と氷に埋もれたままで、谷川のイワナは眠りから覚めていない。

四月中旬を過ぎると、ぼくはしびれを切らしたように飛び出していった。

国鉄北上線の陸中川尻駅から、バスに乗った。湯田町の湯本温泉街を通り、バスは春も浅い沢内村にさしかかる。沢内村はかつて南部藩の隠し田で、「沢内三千石」といわれたが、年貢米の代りに美しい村の娘、お米《よね》を殿様に献上したという哀話が「沢内甚句」にうたわれている。

南川舟、小坂の停留所でバスを降り、安ケ沢の集落を抜け、林道をたどる。日の当たらない崖際には雪が解けずに残っており、ザクザクとして歩きにくい。

至るところに落石がある。時折、パラパラと小石が降ってくるので、用心してそんな場所は崖を見上げながら素早く走り抜ける。

山の陰にまだ雪があるが、冬枯れの山肌に点のような緑の芽吹きが見られる。枯草の湿地に、ミズバショウがほのかな光を投げかけている。

この辺りからだ、と地図を取り出し、位置を確認する。林道から左にそれて、低い木立とヤブ地帯をこいでゆく。山の斜面を下ると、一際目立つびょうぶ状の岩壁が、崖際から川縁に落ちこんでいるのが見え、その下で、ザーという音とともに白い流れが岩をかんでいる。和賀川の本流だ。

岩壁伝いにへずると、どうにか降りられそうな狭い足場が確保できた。雪で滑らないよう、少しずつ歩を運び、ようやく、谷底に降り立つ。高い瀬音が耳に響き、眼前に目にしみるような濃青色の流れが横たわっている。

川は大きく左に曲がり、左岸はそびえ立つ岩壁にさえぎられて川通しがきかない。瀬を渡り、右岸の山を高巻くしかあるまい。山ひとつ越すと、めざす滝があるはずだ。

胴長靴を履き、足ごしらえをする。まだ本格的な雪代の時季ではないので、水嵩は低く、なんとか渡渉できそうだが、それでも川幅はたっぷり十五、六メートルはある。すぐ下手は落差のある荒瀬と切り立った岩盤状の淵が連なっている。

いくぶん緩やかな瀬尻から、斜めに渡渉を試みる。胸までの胴長靴を履いていても水はしびれるような冷たさで、思わず身震いが出る。深さは腰下まであり、底石が丸くつるつると滑る。二度ばかりぐらついたが、無事に対岸にたどり着いた。ただちに高巻きにかかる。勾配の緩い低い山を登り切ると、低いヤブと草地のなだらかな、意外に開けた峰に立つ。そこから、あの老人から聞いていた、村人が利用する山菜採りの細い踏み分け道をたどる。しばらく行くと、道はヤブの中に消えてしまう。川から離れないように、灌木の斜面をこいでゆく。途中、紫色の花をつけたカタクリの大群落にぶつかる。踏みつけぬよう気を付けて進む。

ボサが切れ、ブナや松の林の中に入りこむと、急にドドッという水音が響いてくる。降下点はこの辺りと見当をつけ、山の斜面を降り近づくと、ポッカリと滝はあらわれた。底なしの大淵である。間違いない。

はやる気持ちで、岩壁を伝い谷底に降りる。川岸は思ったより広い。落下する滝は十五メートルほどの高さがあり、青々とした淵にはゆったりと水が廻っている。いかにも深そうだ。

対岸は垂直の岩壁になっていて、滝のしぶきで黒く光っている。風に吹かれた飛沫《しぶき》が時折、身体に降りかかる。滝壺には小さな七色の虹がかかっている。

岸辺からすぐに切れこんだ深場になっているらしく、底石が見える箇所は岸寄りにわずかしかない。すり鉢状の淵だ。

リュックサックを肩からはずし、釣りの仕度にかかる。竿は五・四メートル、ミチイト・ハリス三号の通しで、エサはミミズだ。

淵の脇からエサを落としこんでみる。水勢に押されて目印が一気に流される。二度、三度探ってみたが、コトリともしない。

腰まで流れに入り、今度は水が巻いている対岸の瀬尻に送りこんだ。目印がくるくると廻り、スーッと水面を滑る。一瞬、目印が止まった気がして、竿を立てる。根掛かりのように動かない。竿をあおると、モコッと何かが当たる。とたんに、グッと竿先が引きこまれ、ヒューと糸が鳴り、弓なりになった竿がギシギシと音を立てる。ゴッゴッと底を這うような、重々しい手応えが腕に伝わる。魚だ。やつなのか。ゆっくり動きだした。

ぼくはあわてて流れをけちらし淵の下手に移動する。やつはグイグイと深みに持ってゆく。竿先を上げることもゆるさず、圧倒的な引きでぼくをじりじりと淵に引きずりこんでゆく。今まで体験したことのない、すさまじく恐ろしい力だ。

水は胸の高さに達し全身を呑みこもうとしている。やつは一気に突っ走る。それを懸命にこらえると、フッと竿先が軽くなって目印が空に浮いた。

膝がガクガクと震え、喉はカラカラに渇き、動機が早鐘のように鳴る。

いいようのない虚脱感から我に返ると、無駄と知りながらも、二号の糸を撚《よ》ってハリスにし、仕掛けを作り直す。ブルブルと手が震え、うまくハリが結べない。竿を振る腕が小刻みに揺れている。

魚信《あたり》はなかった。何度淵の底を探ってみても、あの強烈な衝撃は二度と戻ってはこなかった。

竿を投げ出すと、ぼくは岸辺にペタリと腰を落とした。びしょ濡れになった身体が急激に冷えてゆき、歯がガチガチいった。

それから、憑かれたように「底なし淵《ぶち》」へ通い始めた。夏には岸辺にビバークして、一日中淵を見つめていた日もあった。執念のとりこになった釣行が秋まで続いた。

ぼくはでき得るだけの仕掛けを工夫した。エサも様々に替えてみた。蛙をつかまえるのに、水田の泥水を一日中引っかき廻したこともあった。だが、「底なし淵」の大イワナはかたくなに沈黙を守った。しかも、やつ以外の一匹のイワナも釣れはしなかった。

二年目になると、根くらべにも疲れが出てきて、「底なし淵」に通う回数が少なくなった。それでも緑が深くなった五月末、久しぶりに出かけてみることにした。やつはまだ何処へも行かずに、あの淵に棲みついている気がした。

安ケ沢の林道の入り口にさしかかると、朝早くから村人たちが集まっている。呼び止められ、今日は入山禁止だからすぐ帰ってくれと言われる。昨日、山に入った秋田の男性が未だに帰らないので遭難届けが出され、村総出で捜索の最中だという。いつも迷惑を被るのは村人だとばかりにジロリと睨まれる。今にも摑《つか》みかからんばかりの剣幕だ。

ぼくは釣りに来たのだから川沿いを歩くだけで遭難の心配はない、と言い訳しても一向に聞き入れてくれない。秋田の行方不明者も釣り竿をかついでいたというのだ。

この季節には、釣りと山菜の二股をかけることがよくある。西和賀地方は山菜の宝庫でもあり、山が深いので毎年遭難騒ぎが起きる。未だに発見されていない遺体もあるという。

困っていると、よく立ち寄る駄菓子屋のおじさんが顔を見せる。渡りに船とばかり、何とかここを通れるよう掛け合ってもらう。おじさんの説得が効いたのか、ようやく、消防団の法被《はっぴ》を着た責任者があらわれ、住所・氏名を聞かれた上、くどくどと注意をされて、あまり奥へ入らぬことを条件に釣りをしてよいことになる。

ほっとしてこの場を早々に逃げ出し、やつが待つ淵へ向かう。時間をくったので足を速める。道端で、ばあさんが筵《むしろ》に乾したゼンマイをもみほぐしている。声を掛けて通り過ぎる。

西側の山はすっかり緑の晴着をまとっている。暖かい日差しを浴びて次第に汗ばんできた。歩きながら、行方がわからぬという秋田の人のことを思い出す。釣り竿を持っていたというのが気になる。早く見つかってくれるといいが、和賀川の本流も枝川も変化に富んだ長流だ、一日や二日で捜せるものではない。

しばらく歩くと崖っぷちの狭い道に変わる。谷沿いに曲がりくねった石ころの道が続き、ところどころに覆いかぶさった樹木が、ひんやりとした日陰をつくっている。その下を通ると、スーと汗が引いてゆく。

岩壁をへずり、谷底に降り立つと思ったより水嵩があるのに驚く。源流部の雪代水に違いない。

川底の石をはがし、川虫を採取する。どうにか十匹ばかりのチョロ虫をおさえる。いつもと勝手が違う、太く荒い流れだ。生き物のように水は躍り、身をくねらせ、力をみなぎらせている。川縁に立って、その流れにじっと見入る。杖にする手頃な流木を拾う。気合を入れて、見当をつけた浅瀬に足を踏み出す。たちまち腰まで流れに洗われてしまう。足が浮く。杖をぎゅっと握り締める。また前へ進む。グラリとする。

——ずいぶん下まで押し流されて、やっとの思いで岸にすがりつく。

川原に足を伸ばし、身を整える。まだ胸の動悸が止まらない。

上手から、キョロ、キョロ、キョロという鳴き声がして、ヤマセミが白い風のように緑の谷あいに吸いこまれていく。

右岸の山を高巻いて通い慣れた峰へとたどる。踏み分け道沿いに、ひょこひょことワラビが顔を出している。ボサを掻き分け、徐々に谷側へ下りてゆく。

緑の樹木が切れた空間に白い滝があらわれた。「底なし淵」は激しい水音を立てている。淵の青さが、さらに濃さを増したように見える。

淵の前に立つ。気配をさとられぬように、しばらくじっと息をころす。オニチョロ虫をハリにつけ、身をかがめるようにして落下する滝の流れにのせる。飛沫《しぶき》に竿があおられる。魚信はない。

エサをミミズに替えてみる。何の応答もなく、目印がむなしく空を切る。何度やってみても同じことだ。何気なくミミズをひとつかみ、淵に投げ込む。さらに、もうひとつかみミミズをほうりこむ。そのとき突然、黒い影が鋭い速さで水面から躍り上がる。青白い瞳が光り、一瞬、ぼくを睨む。やつだ！　水飛沫をはね飛ばし、ドーンという轟きを上げて淵の主は水中に没した。

動けなかった。茫然としてそこに立ちつくしていた。射すくめられたように身体がこわばっていた。こらえても、体が小刻みに震える。

青黒く巨大なイワナであった。水中に潜む猛々しい獣のようにすら見えた。もう竿を出す気力はない。残ったミミズを全部淵の流れに放ち、岸に上がる。岩陰に座り、冷たいにぎりめしを齧《かじ》りはじめる。

ふと、横の石と石の間に何か置いてあるのが目に止まる。立って手にとって見る。杉板を薄く延ばし張り合わせた筒状のエサ入れだ。長い紐が丸い蓋の両側に通してあり、首に吊るすようにできている。

引っくり返してみたが、名前らしきものはどこにもない。蓋を開けてみると、びっしりと生きのいいミミズがつまっている。

ぼく以外の誰かがやつをねらっていたことになる。ふいに、行方不明の秋田の釣り人のことが頭に浮かんだ。不吉な予感がする。もしかすると、大イワナとのやりとりで淵に引きずりこまれ、深みにはまり……。俄に青々とした「底なし淵」が不気味なものに見え、ゾクッとする。

あわてて釣り道具をかたづけ、エサ入れをビクにしまう。何かにせきたてられるような心地で、崖をよじ登り、ヤブや灌木をがむしゃらにかいくぐり、山を越え、荒瀬をほうほうの体《てい》で渡り、ようやく林道に飛び出す。足が鉛のように重くなっている。汗だくになって、やっと林道の入り口付近にたどり着き、バス停の駄菓子屋にかけこむ。たむろしていた五、六人の村人が驚いて顔を上げる。拾ったエサ入れを見せ、「底なし淵」と大イワナの話をする。村人の何人かは淵のある渓を知っていた。しかし、そんなでかいイワナがいることは、見たことも聞いたこともないという。

とにかく、その付近を捜索してくれるように頼んだ。エサ入れも、持ち主がわかるかもしれないから調べてほしいと村人の一人に手渡した。

ぼくは、秋田の釣り人は淵にはまって、おぼれ死んだのではないかといった。

「そんだら、イワナっこに、食われたんでねぇか」

村人たちはドッと笑った。

あとがき

二十歳の春。待ち望んでいた、釣りの旅を決行した。行き先は、西和賀の沢内村。狙うはイワナだった。本屋で買った小冊子の『東北の釣り場案内』に、岩手県の奥羽山地、和賀川上流域が紹介されていた。簡略な地図には川への道が、集落付近で途切れていた。道がない余白には、「この奥に道はなく、熊の出没ひんぱん。イワナ多し」と記入されていた。列車を乗り換え、バスに揺られて沢内村の小坂のバス停で降りた。こぢんまりした集落を通り抜けたら、道は消え鬱蒼《うっそう》とした木立が通せんぼをしていた。薄暗い木立の中の踏み分け道を、ひたすら突き進んでいった。

木立が切れて、ぱっと青空が見えた。水音が聞こえてきた。崖《がけ》際の枝や根曲がり竹に、しがみつきながら、おそるおそる谷底に下り立った。どど、どー。激しい水音が、耳に響いてきた。一息ついて、リュックから継ぎ竿を取り出し、糸を結んだ。エサのミミズを、岩と岩の間に放りこんだ。と、ふっと目印が水中に沈んだ。グイと竿先が弓なりになった。ゴトゴト、川底を走り出した。竿を立て、踏ん張った。すーと足元に寄ってきた。やっと、会うことができた。初めて見るイワナは、どこか神秘的で美しかった。

この日から、ぼくは魚を釣るという遊びの世界に、のめりこんでいった。毎年、芽吹きの春が待ち遠しかった。楽しみは、魚を釣るだけではなかった。ブナの森に入ると草花が咲き誇り、ワラビ、ウド、コゴミ（クサソテツ）などが、ひょいひょいと顔をのぞかせていた。山菜の名や食べ方を教えてくれたのは、山菜採りの村人だった。

また、知らない土地を巡っていると、忘れられない光景にぶつかることもあった。そんな村人との出会いや出来事、見たり聞いたりした不思議な事柄などを、拾い集めて文章にしてきた。釣りの旅を続けて、五十数年が経った。ぼくにとって、この本は大切な記憶が詰まった宝箱なのだ。

釣りの友であり、敬愛する作家の夢枕獏さんには、うれしい序文をいただきました。ありがとうございます。年を取ると当然ながら体力は落ち、釣りの勘も鈍くなってしまう。それでも、よたよたと川を歩く姿を、見せるわけにはいかない。しゃきっとして竿を振り、さりげなく大物を釣り上げてやろう。獏さんに、「参った」と言わせるまで、釣り竿を握っていたいものだ。いつも、やっかいをかけている友人や釣り仲間のみなさん、まだ、がんばります。この本を手に取ってくださった読者の方々に、感謝申し上げます。

平成二十九年一月、一関にて　村田 久

＊初出一覧

罠　『新・釣師列伝』（朔風社・一九九五年刊）
雨っこの渓　『渓流釣りＶＯＬ８』（朔風社・一九九二年刊）。原題は「雨渓露営記」
イワナのふるさと　『Fly Fisher』（つり人社・二〇一六年十月号）
ぶな虫　『渓流釣り１９８５』（朔風社・一九八五年刊）
蛍火　『山の夜を見よ』（朔風社・一九九六年刊）
ザシキワラシ　『Fly Fisher』（つり人社・掲載号不詳）。本稿は『山を上るイワナ』（つり人社・二〇〇五年）所収のもの
遠野郷附馬牛　『岩魚幻談ＰＡＲＴ２』（朔風社・一九八九年刊）
マムシ　『Fly Fisher』（つり人社・一九九九年五月号）。本稿は『イーハトーブ釣り倶楽部』（小学館・二〇〇一年）所収のもの
下嵐江の山人　『渓流釣りＶＯＬ４』（朔風社・一九八八年刊）。原題は「下嵐江の隠れイワナ」
ヤマセミ　『鮎つりの記』（朔風社・一九八七年刊）
カワシンジュガイ　『渓流釣りＶＯＬ５』（朔風社・一九八九年刊）
隠れイワナ　『渓流釣りＶＯＬ10』（朔風社・一九九四年刊）。原題は「源さんの大イワナ」
野辺送り　『Fly Fisher』（つり人社・掲載号不詳）。本稿は『山を上るイワナ』（つり人社・二〇〇五年）所収のもの
冬漁　『底なし淵』（朔風社・一九九七年刊）
底なし淵　『岩魚幻談』（朔風社・一九八三年刊）

＊記述内容は当時（主に昭和三十〜五十年代）のもので、現在とは異なる場合があります。
＊今日の人権意識に照らして考えた場合、不適切と思われる語句や表現がありますが、本著作の時代背景とその文学的価値に鑑み、そのまま掲載してあります。

村田 久（むらた・ひさし）／一九四二年、北海道生まれ。岩手県一関市在住。エッセイストとして活動するほか、アウトドアインストラクターとして講演やシンポジウムで幅広く活躍。著書に本書のほか、『あの谷の向こうに』『山を上るイワナ』（つり人社）、『イーハトーブ釣り倶楽部』『家を抜け出し、川に佇つ』（平成22年度岩手県芸術選奨受賞）、『岩手は今日も釣り日和』（小学館）などがある

カバー写真＝若林　輝
カバーデザイン＝岡田克己
本文ＤＴＰ＝千秋社
校正＝鳥光信子
編集＝稲葉　豊（山と溪谷社）

新編　底なし淵

二〇一七年三月十五日　初版第一刷発行
二〇二一年五月五日　初版第二刷発行

著　者　村田 久
発行人　川崎深雪
発行所　株式会社　山と溪谷社
郵便番号　一〇一―〇〇五一
東京都千代田区神田神保町一丁目一〇五番地
https://www.yamakei.co.jp/

■乱丁・落丁のお問合せ先
山と溪谷社自動応答サービス　電話〇三―六八三七―五〇一八
受付時間／十時～十二時、十三時～十七時三十分（土日、祝日を除く）
■内容に関するお問合せ先
山と溪谷社　電話〇三―六七四四―一九〇〇（代表）
■書店・取次様からのお問合せ先
山と溪谷社受注センター　電話〇三―六七四四―一九一九
ファクス〇三―六七四四―一九二七

本文フォーマッデザイン　岡本一宣デザイン事務所
印刷・製本　大日本印刷株式会社

定価はカバーに表示してあります

Printed in Japan ISBN978-4-635-04833-0